知らなきゃ損する！
「NISA」超入門

藤川　太［監修］

青春出版社

はじめに――いよいよ日本版・少額投資非課税制度がスタート！

２０１４年１月より、**日本版の少額投資非課税制度「ＮＩＳＡ（ニーサ）」**が始まります。すでに、テレビＣＭや新聞・雑誌などで目にしている方も多いと思いますが、これは簡単に言うと、**毎年１００万円までを上限に、上場株式や投資信託等の売買から発生した値上がり益や配当・分配金等が、最長で５年間「非課税」になるという制度**のこと。イギリスの「ＩＳＡ（Individual Savings Account：個人貯蓄口座）」を参考にした制度で、本家のイギリスでは国民の約４割がＩＳＡの口座を開設していて、資産形成や貯蓄の手段として定着しています。

そのＩＳＡの日本版ということで、「ＮＩＰＰＯＮ（日本）」の頭文字のＮを付け足しＮＩＳＡという名称になりました。

では、投資で得られた利益が非課税になるとは、どういうことなのでしょうか。

本来、上場株式や投資信託の売買で得た利益や配当・分配金に対して、20%（復興特別所得税を含むと、20・315%）の税金がかけられて、2013年の時点では、10%（復興特別所得税を考慮すると、10・147%）の軽減税率が適用されています。

たとえば、ある株式を売却して10万円の利益が出たら、10%に相当する1万円は税金として差し引かれ、投資家の手元に入る利益は9万円ということです。

ところが、この軽減税率は2013年12月末で適用が終了。翌2014年1月からの税率は、本来の20%に戻ります。

この場合、同じく株で10万円の利益を得たとしても、2万円は税金として差し引かれ、利益は8万円になってしまいます。「たかだか2万円」と思うかもしれませんが、利益が50万円なら税金は10万円、もし100万円を儲けたとしても、20万円は税金と、その額は比例して増えていくのです。

このように、2013年から2014年にかけての年末年始をきっかけに、投資にかかる税負担は重くなるわけですが、それを年間100万円という上限は設けられるものの、回避できるのがNISAという制度です。

実際に始めるには、銀行や証券会社に**「NISA口座」を開設**する必要があります。ですが、この制度を使うと、上場株式や投資信託で得た値上がり益や配当・分配金については、**税金は1円もかからず、10万円の利益なら、それがまるまる手に入ります。**もちろん、納税は国民の義務ではありますが、こんなお得な制度があるなら使わない手はありません。

勢いで飛びつく、その前に

毎年100万円までの新規投資について、利益が非課税になるというNISAは、節税効果は言うまでもなく、非常にメリットの高い制度であることは間違いありません。しかしながら、利用の際には注意する点もあります。詳しくは第1～3章でも触れますが、その内容をしっかりと理解したうえで利用することが求められます。

簡単なところで、非課税枠年間100万円までというルールについてみてみましょう。ある株式の場合、購入時の株価が9万円で、購入単位（単元株）が10株の場合、最低購入価格は、

株価9万円×購入単位10株＝90万円

となるので問題ありません。しかし、同じ銘柄でも株価が11万円に上昇すると、最低購入価格は、

株価11万円×購入単位10株＝110万円

こうなりますから、年間100万円の上限を超えてしまいます。この場合はNISA口座で買うことができません。

100万円を超えなければ限度ギリギリの額を一括で購入してもいいですし、10

0万円の枠内で何度かにわけて買い増しをしてもかまいません。ただし、購入単位が1株でも、**株価が100万円を超えるとNISAの対象外。あくまで取引できるのは、最低購入価格が100万円以下の銘柄、および投資信託**なのです。

また、NISA口座を開設できるのは、**2014年から2023年までの10年間、ひとつの非課税枠の期間は最長5年**に定められています。

ですから、2014年に開設した場合、非課税枠は5年後の2018年まで使えますが、引き続き運用したい場合、2019年には課税口座（従来通り、課税される口座のこと）へ移し替えるか、あるいは2019年の非課税枠に移管（ロールオーバー）させないといけません。

こういった、取引期間も考慮しなければならないのが、NISA独自の仕組みです。

銀行や証券会社のキャンペーン合戦が始まった！

さらに、**ＮＩＳＡ口座は１人１口座しか持てません。**複数の金融機関には開設できませんから、事前にしっかり比較・検討する必要があります。

これをめぐっては、銀行や証券会社等、各金融機関が口座獲得キャンペーンを大々的に繰り広げていますが、「ＮＩＳＡ口座開設で３０００円キャッシュバック」など、目先のお金につられて口座を開設したものの、取引したい商品がないなんてことも……。こういった点にも注意して、ＮＩＳＡ口座は選ばないといけないでしょう。

詳しくは後述しますが、他にも、１．損益通算ができない。２．繰り越し控除（損失を繰り越して、各年分の利益から差し引くこと）の対象にならない、などといった注意点もあります。全般的に、利益について税金を納める必要はありませんが、損失が出た場合もフォローはしませんという側面があるのです。

賢く利用すれば、老後の資産づくりにもなる

とはいえ、うまく使えば非課税の恩恵を受けつつ、資産形成できることは間違いありません。

個人の資産づくりについては、これまでは国や企業が公的・企業年金といった形でサポートしてきましたが、残念ながら今後はどうなるか極めて不透明です。そういった状況下で、預貯金に頼るだけではなく、株や投資信託を活用した、積極的な運用・形成はライフプランを安定させ、**豊かに暮らすためのマストスキル**になるでしょう。

そのためのツールとしてＮＩＳＡを有効活用していこう、というのが本書の目指すところです。

ＮＩＳＡの口座開設の申し込みは２０１３年10月１日より始まっていて、各金融機関による顧客獲得競争は激化の一途をたどっています。それ以前の予約件数について

は、大手証券や主要ネット証券で200万件を超える勢いがあり、これに銀行も加えると、かなりの個人が開設を始めたことがうかがえます。

それほど関心を集めている制度ではありますが、使い方によって得することもあれば、損することも当然あります。だからこそ、本書を通してこれだけは知っておきたいポイントを押さえ、今後のマネーマネジメントに役立てていただけると幸いです。

第1章

少額投資非課税制度「NISA」とは？
―これだけは絶対に押さえたい基本事項―

第2章 ＮＩＳＡを利用するなら、ここを見逃すな！
―意外に知らされていない!? 11の盲点―

第3章 NISAが必要な人と、必要ではない人がいる ―ライフスタイルに合った投資方法を考えてみる―

巻末付録

NISAで取引できる金融商品ファイル

・本書に記載された内容は、特に明記がない場合、2013年10月22日時点の情報です。
・情報に関しては編集部で信頼できると判断した情報をもとに作成しておりますが、正確性、完全性、有用性については保証するものではありません。また、予告なく変更される場合があります。
・本書は特定の銘柄を推奨したり、それによる利益を保証するものではありません。また、情報の利用の結果として何らかの損害が発生した場合、監修者および出版社は理由のいかんを問わず、責任を負いません。投資・運用は自己判断・自己責任で行ってくださるようお願いいたします。
・個別の商品の詳細については、運用会社や各種金融機関に直接お問い合わせください。

編集協力／大正谷成晴
カバーイラスト／いぢちひろゆき
本文イラスト／須田博行
本文デザイン／センターメディア

第1章

少額投資非課税制度「NISA」とは？

―これだけは絶対に押さえたい基本事項―

「少額投資非課税制度」ってどんな制度なの？

第1章では「ＮＩＳＡ（少額投資非課税制度）」の基本について解説していきます。まず、この制度の内容には、大きくわけて次の３つのポイントがあります。

1. 少額＝投資元本が年間１００万円まで
2. 投資＝上場株式、投資信託等が対象
3. 非課税＝譲渡益（値上がり益・売買益）、配当・分配金が非課税

制度が実施されるのは、２０１４年1月から２０２３年までの10年間。銀行や証券会社にＮＩＳＡ口座を開設すれば、年間１００万円を上限に購入した株や投資信託等でどれだけ利益を得ようとも、税金はかかりません。その額が１万円だろうが１００万円だろうが関係なく、非課税扱いになるのです。

NISA:少額投資非課税制度とは

少額の

年間 100 万円
(トータル 500 万円)

投資が

- 上場株式
- 外国上場株式
- 公募株式投資信託
- 外国籍株式投資信託
- ETF(上場投資信託)
- 海外 ETF
- 上場 REIT(不動産投資信託)

など

非課税になる

配当・分配金にかかる
税金が 5 年間免除される

イギリスの同制度を
参考に作られた、
新しい制度です

簡単にまとめると、NISA口座を持つということは、「非課税専用の口座」を開設するということになります。

NISAは原則的に1人1口座しか持てない

そんなにお得な口座ならば、「複数の金融機関に口座を持ちたい」と考える人もいるのではないでしょうか。

しかしながら、**NISAは原則的に1人1口座（1金融機関）しか開くことができません。**「投資信託はA銀行で、株式はB証券で」というように、複数の金融機関をまたいで開設することは認められていないのです。

さらに、NISA口座は一度開設してしまうと、最長4年間は別の金融機関に変更・開設できないルールがあります（詳しくは第2章で解説します）。だからこそ、最初のステップである金融機関選びが重要になるということです。

NISAを利用できるのは、20歳以上の国内居住者

ＮＩＳＡを利用できるのは、日本国内に住んでいる、20歳以上の人に限られます。日本家イギリスのＩＳＡの場合、預金型ＩＳＡで16歳以上、株式型ＩＳＡで18歳以上ですが、ＮＩＳＡは成人以上が対象になります。**口座を開設する年の1月1日時点で、日本国内に居住する20歳以上の人が**ＮＩＳＡを利用できるということです。

なお、この条件を満たしていれば、会社員や公務員、自営業、専業主婦や学生、年金世代のシニアの人など、どんな立場であってもＮＩＳＡ口座を開くことができます。つまり、結婚している場合は、夫婦それぞれが口座を持つことができ、世帯では年間で２００万円、最大で１０００万円の非課税投資枠が生まれるということなのです。

もし、20歳以上のお子さんがいれば、同じくＮＩＳＡを通じた取引が可能ですから、家族一丸となって非課税メリットを活かした資産形成を始められるということにもな

ります。

非課税枠があると、いったいどれだけお得なの？

非課税枠があるとどのようにお得なのか？　これに関しては、投資経験がないといまいちわかりにくいかもしれません。そこで、イメージしやすいように具体例を挙げてみましょう。

ある人が２０１４年１月からＮＩＳＡを使い、投資を始めたとします。非課税投資枠は年間１００万円ですから、この範囲内で上場株式や投資信託等が購入できます。

この年に１００万円以内の株を購入すれば、２０１８年までは、ここから生まれた利益は、すべて非課税扱いになります。利益が１万円でも１００万円でも、税金がかかりません。

非課税枠があるとどれだけお得？

ケース1 NISA 口座の場合で、
100 万円の利益が出た場合

- 課税口座の場合

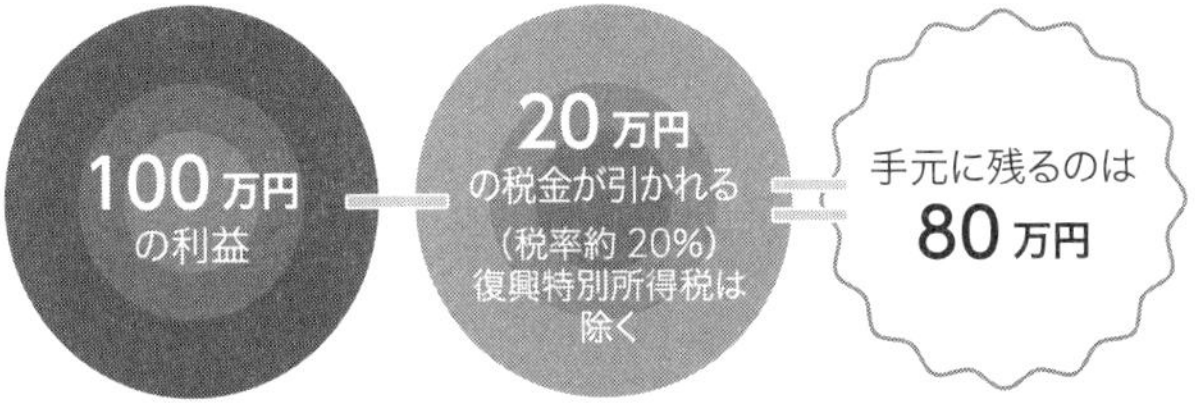

- NISA 口座の場合

一方、同じ取引を特定口座など課税口座で行っていた場合は、どうなるでしょう。結果は、両者を比較すれば一目瞭然です（P23ケース1）。

●ＮＩＳＡ口座の場合で、１００万円の利益が出た場合
⇓すべて非課税となり、１００万円がまるまる手元に残る

●課税口座の場合で、１００万円の利益が出た場合
⇓20％＝20万円は税金として徴収され、残り80万円が利益になる
（復興特別所得税は除く）

このように、ＮＩＳＡと課税口座の取引では、20万円もの差が生まれます。

さらに、株を１００万円で買い、年間に2万円の配当金を受け取りながら5年間保有して、その後に１５０万円で売却したケースについても、両者を比較してみましょ

ケース2

株式を100万円で買い、年間に2万円の配当金を受け取りながら５年間保有して、その後に150万円で売却

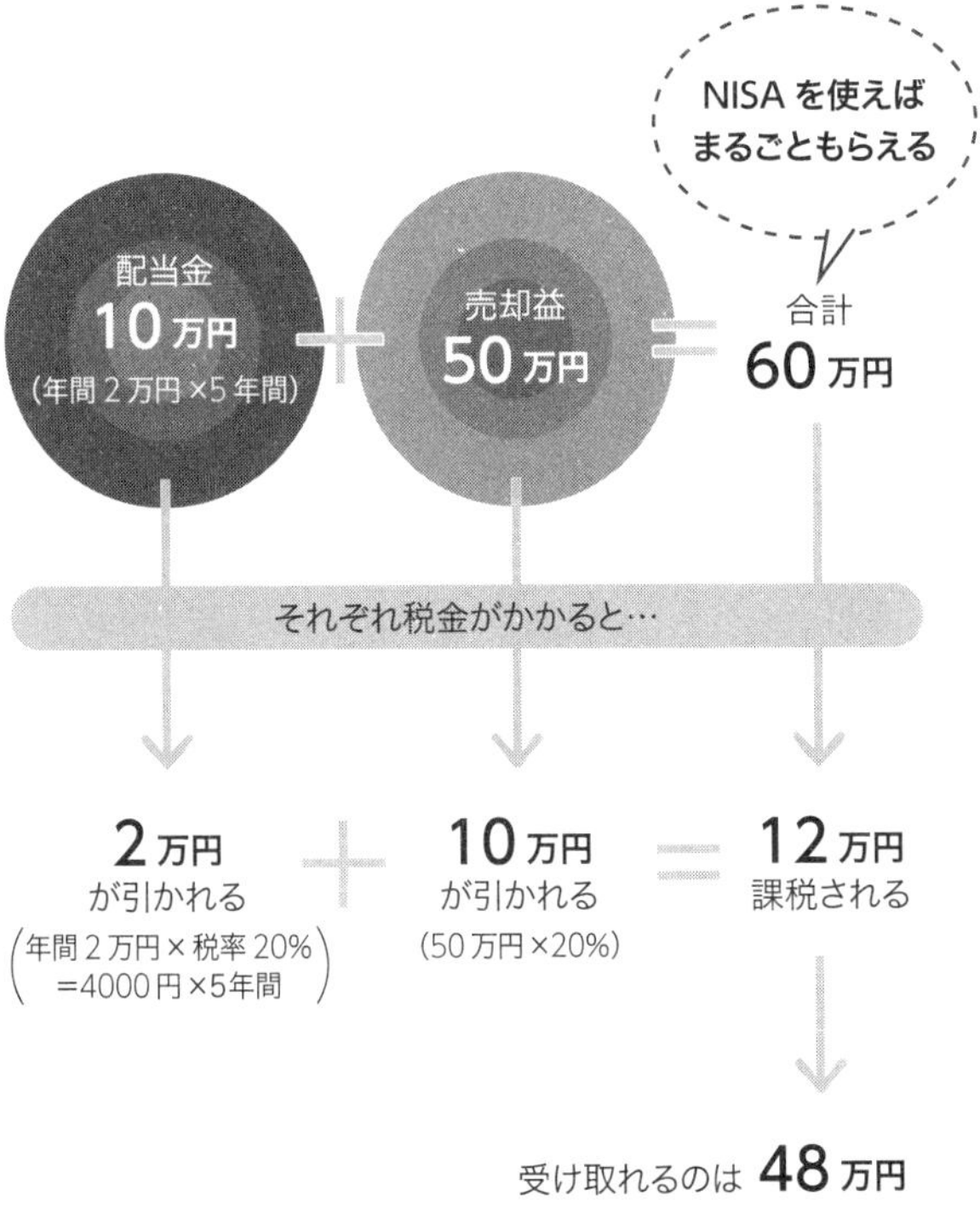

う（P25ケース2）。

配当金2万円×5年＝10万円＋売却益50万円

●NISA口座の場合

⇓60万円の利益に対して、課税は0円

●課税口座の場合

⇓配当金に対する課税は各年2万円×20％（4000円）×5年＝2万円

売却益に対する課税は50万円×20％＝10万円

60万円の利益に対して、12万円の課税

と、ここでも12万円の違いが生じます。このように、ある年の非課税口座内で保有した上場株式や投資信託等から生まれる利益が、向こう5年間非課税になるのが、NISAの大きなメリットなのです。

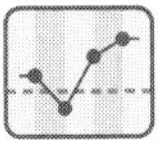

口座開設は10年間、非課税期間は最長5年間

ＮＩＳＡの口座を開設できるのは、２０１４年から２０２３年までの10年間。毎年、**新規投資額で年間１００万円が上限**と定められています。簡単にイメージすると、２０１４年にひとつ、翌２０１５年にもうひとつというように、１年ごとに上限１００万円までの非課税の投資枠が10年間にわたって持てるということ。

ただし、１つの枠が非課税扱いになるのは、最長５年間まで。たとえば２０１４年に持った枠が非課税になるのは２０１８年までで、２０１９年分は２０２３年まで。投資可能期間が最後となる２０２３年の枠は、制度が終了して最長２０２７年まで非課税扱いということになります。

２０１４年から始めると、毎年１００万円×10年間分の枠が使えますが、年を追うごとに持てる数は減っていきます。「ＮＩＳＡは早めに始めたほうがいい」というのは、そういった制度上の仕組みからです。仮に２０２３年から始めたとすれば、非課税枠として使えるのは、その年だけになってしまいます。

この実施期間に関しては金融機関から恒久化の要望が出されています。今後、制度の内容が見直される可能性もありますが、現時点で年数にしばりがあることを覚えておいてください。

また、非課税期間は年ごとにカウントされます。よって、**２０１４年１月に何か金融商品を買ったとしても、あるいは同じ年の12月だとしても、非課税期間が終了するのは２０１８年末**になります。購入日から5年間ということではありませんから、注意してください。

保有中の金融商品はＮＩＳＡ口座に移管できない

すでに投資を始めている場合、「いま持っている株や投資信託をＮＩＳＡ口座へ移したい」と考えることがあるかもしれません。

ところが、ＮＩＳＡ口座は新たに購入した上場株式や投資信託などが対象になるた

口座開設は10年間、非課税期間は5年間

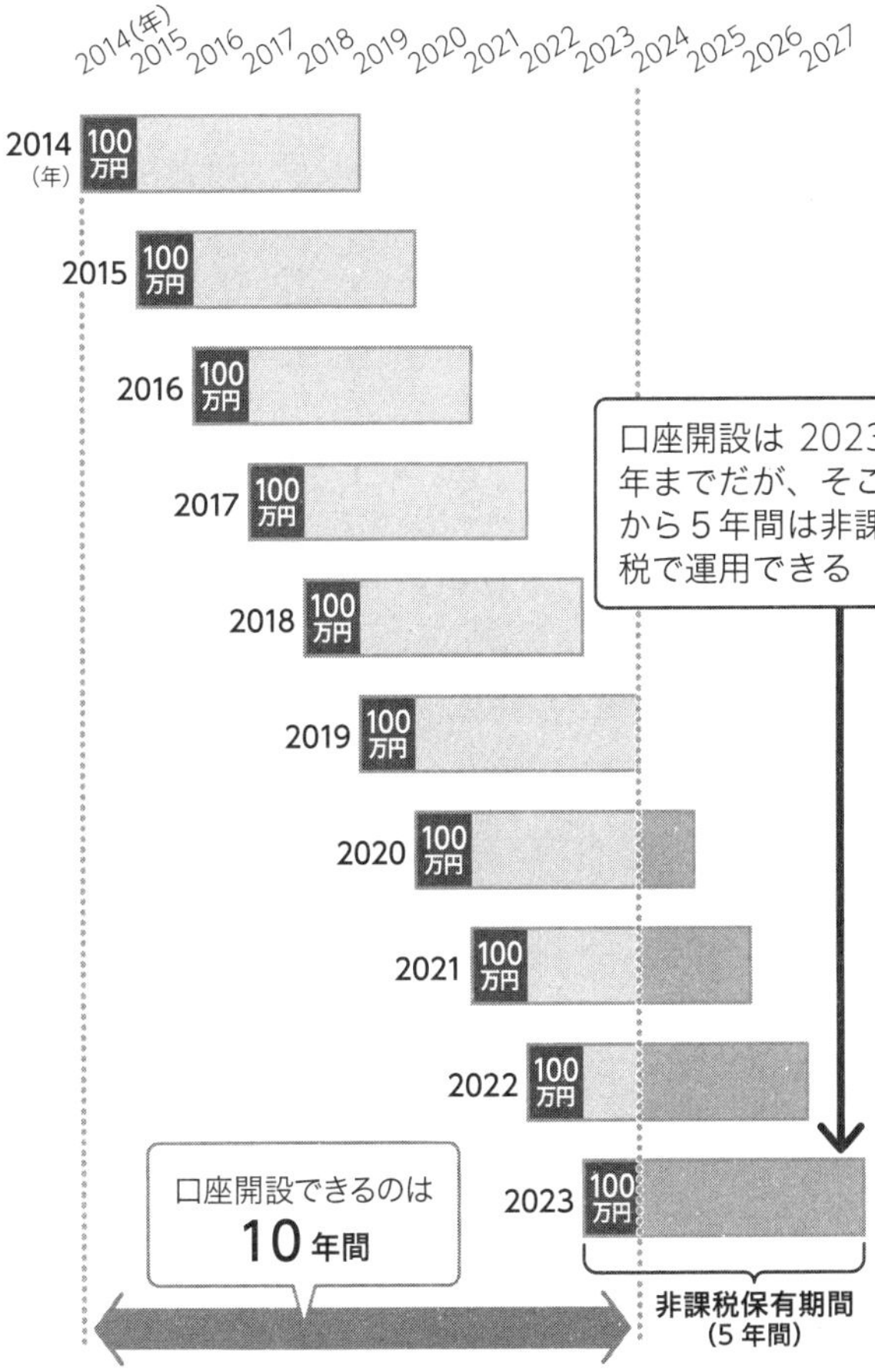

め、**他の口座ですでに保有している金融商品を、そのまま移管することはできない**のです。もし、保有中でＮＩＳＡの対象である金融商品を非課税口座に組み入れたい場合は、売却して新たに買い直す必要があります。

なお、ＮＩＳＡ口座内で保有していた金融商品は、非課税期間（最大５年間）終了後は、課税口座に時価で払い出すか、翌年の１００万円の枠を利用して継続（ロールオーバー）することができます（これについては第２章で解説します）。

最大で５００万円分の非課税枠が手に入る

２０１４年から２０２３年までの制度実施期間のうち、各年の非課税期間が５年間ということは、年間１００万円の投資枠が積み重なっていくことを意味します。

たとえば、２０１４年のスタート時の最大投資額は１００万円ですが、翌年２０１５年になれば、その年分の１００万円の非課税枠が新たに生まれて、１００万円×２

同じ年の何月に投資を始めても終了時期は同じ

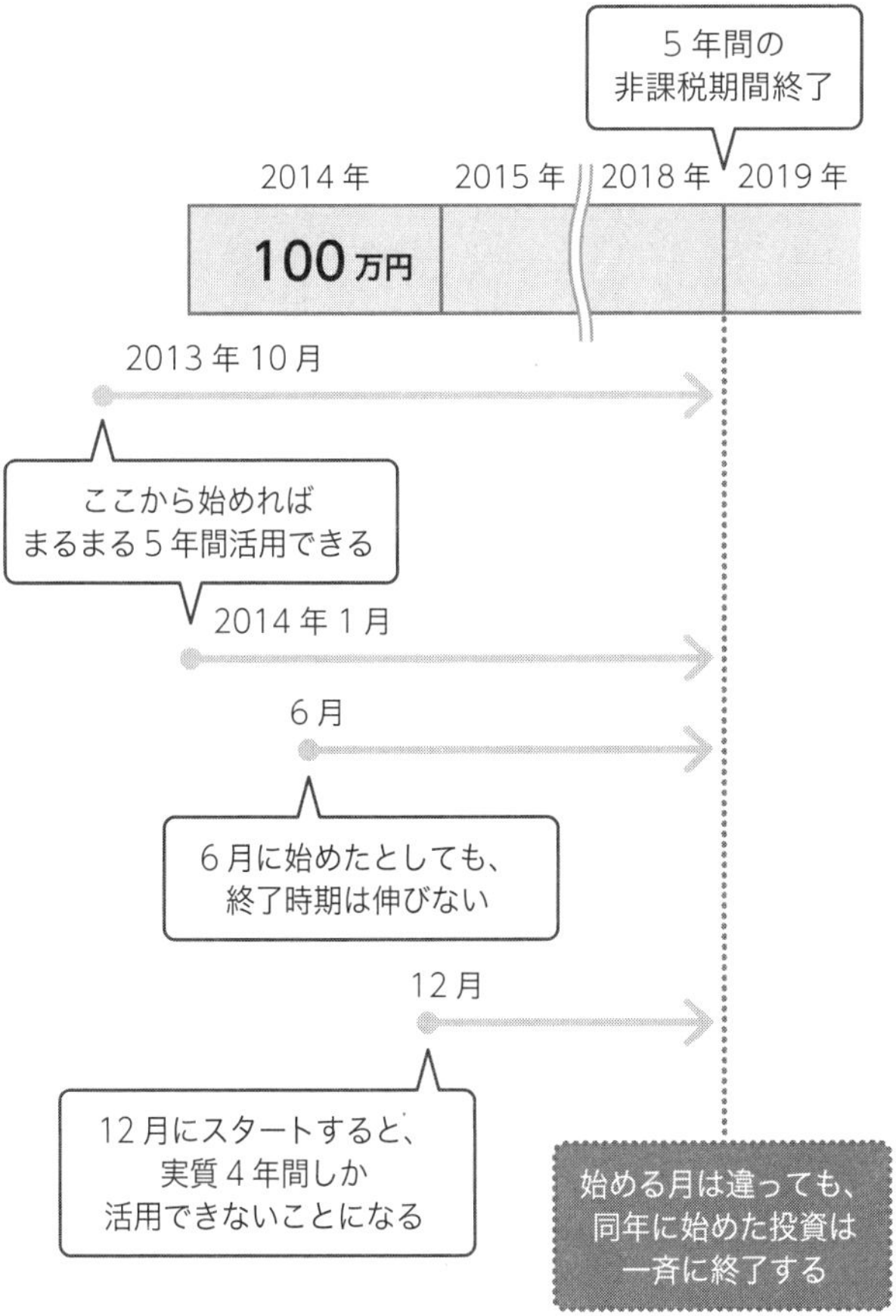

枠になるので、最大投資額は２００万円に拡大します。このように年を追うごとに非課税枠は広がり、２０１８年の時点で5枠、すなわち**ＮＩＳＡを通じた最大投資額は５００万円**になる計算です。

さらに、２０１９年になると最初の非課税枠は終了を迎えますが、その年分の枠が生まれますから、最大投資額は５００万円で変わりません。よって、２０２３年までは同じ水準が継続するわけです。

翌年以降は**古い順番から非課税枠が消滅していきます**から、２０２７年の時点では最大投資額は１００万円になり、年末時点でＮＩＳＡによる取引は終了を迎えます。

「年間１００万円の投資額なんて、たかだか知れている」と思う人もなかにはいるかもしれませんが、最大５００万円となると、なかなかのボリュームです。計画的に使えば、多額の投資による非課税メリットが得られるに違いありません。

1人最大500万円まで投資できる

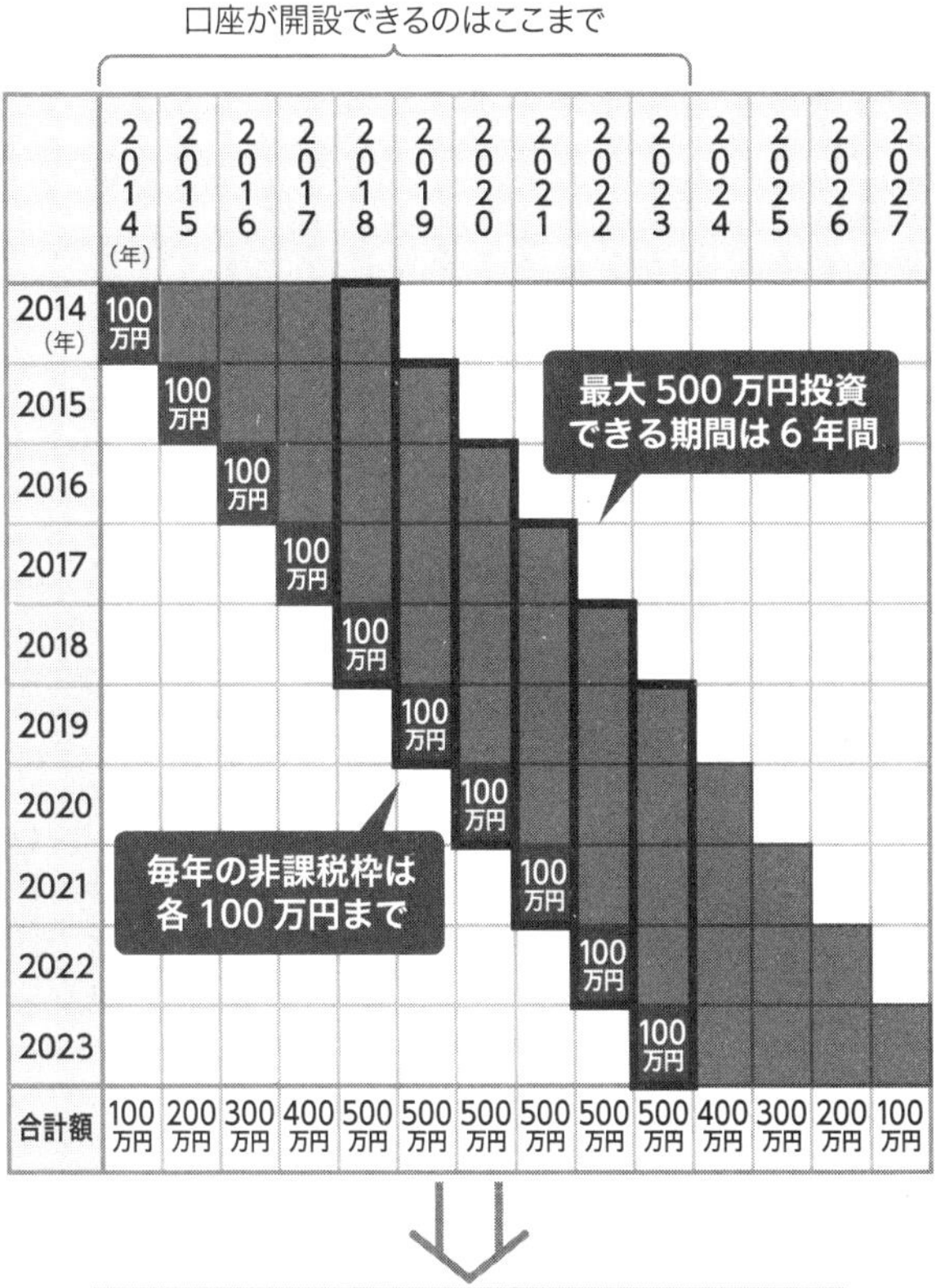

口座が開設できるのはここまで

	2014(年)	2015	2016	2017	2018	2019	2020	2021	2022	2023	2024	2025	2026	2027
2014(年)	100万円													
2015		100万円												
2016			100万円											
2017				100万円										
2018					100万円									
2019						100万円								
2020							100万円							
2021								100万円						
2022									100万円					
2023										100万円				
合計額	100万円	200万円	300万円	400万円	500万円	500万円	500万円	500万円	500万円	500万円	400万円	300万円	200万円	100万円

最大で500万円の非課税枠が使える！

ただし100万円を超えてはいけない

ＮＩＳＡを使い、投資を始めた場合、非課税投資枠は１００万円ですから、この範囲内で上場株式や投資信託等が購入できます。

たとえば株であれば、**株価×単元株数が最低購入額**となりますから、取引できるのは、これが１００万円以下の銘柄に限られるというわけです。

よって、１株が１００万円以上の株はＮＩＳＡの対象外ですし、仮に１株が１１００円であったとしても、購入単位が１０００株だとしたら、

１１００円×１０００株＝購入価格１１０万円

となり、やはりこの銘柄は買うことができません。

これは株に限らず、投資信託などほかの金融商品でも同様です。あくまでも、年間の投資額の上限は１００万円までです。

購入額100万円を超えるものは、NISA口座で購入できない

×

ファーストリテイリング（ユニクロ）の場合

（株価）　（単元株数）　（最低購入金額）

3万3450円×100株＝334万5000円

三井不動産の場合

3390円×1000株＝339万円

キリンホールディングスの場合

1425円×1000株＝142万5000円

※株価はすべて2013年10月11日終値

○

トヨタの場合

（株価）　（単元株数）　（最低購入金額）

6410円×100株＝64万1000円

ビックカメラの場合

4万6300円×1株＝4万6300円

双日の場合

193円×100株＝1万9300円

※株価はすべて2013年10月11日終値

手数料は含まれないのでご安心を！

ＮＩＳＡに限らず、上場株式や投資信託を購入するには手数料がかかります。株であれば、**約定代金に応じた手数料体系、投資信託であれば購入価格の○％というのが一般的です**。

近年は、松井証券のように「約定代金にかかわらず、株式取引手数料が無料」、投資信託でも購入時手数料のかからない「ノーロードファンド」の扱いが見られますが、基本的には有料と考えたほうがよいでしょう（ＮＩＳＡの導入に合わせて、ノーロードファンドを拡充する動きはあるようです）。

ただしこれら手数料ですが、各金融機関で料率は異なります。同じ株式や投資信託を買ったとしても、手数料に違いが生じるのです。よって、なるべく手数料が安い金融機関を選んだほうが投資家にとってはコスト負担が軽くなりますから、口座選びの際は、こういった点も気にしたほうがいいでしょう。

ちなみに、これら手数料については、年間100万円の枠に含まれません。

どんな金融商品がNISAの対象になるの？

NISAで取引できるのは、以下の金融商品です。

- 上場株式
- 外国上場株式
- 公募株式投資信託
- 外国籍株式投資信託
- ETF（上場投資信託）
- 海外ETF
- 上場REIT（不動産投資信託）

ほかにも取引できる商品はあるようですが、おもにこのような金融商品を対象に、NISA口座を使い、購入することができます（詳しい内容については、巻末付録をご覧ください）。そして、これら金融商品を売却したときの利益（値上がり益・譲渡益）、あるいは株式の配当金、投資信託の分配金が非課税扱いになります。

しかしながら投資の初心者であれば、「何が上場株式なのか？」「公募株式投資信託の意味がわからない」といった疑問もあるはずです。もちろん、それぞれについて、どんな仕組みで、どういった点に注意するべきかを理解いただきたいのですが、NISAの対象になるかどうかは各金融機関でジャッジが行われ、もちろん対象外の商品を買い付けることはできません。

実際、証券会社で個人投資家が取引できるのは、株式なら上場銘柄がメイン。投資信託についても対象は株式投資信託ですが、2013年9月時点で、一般に販売されている商品の実に9割が株や投資信託であり、NISAで購入することができます。

一方で、ＮＩＳＡでは取引できない金融商品もあります。**代表的なものは預貯金。**そもそも、ＮＩＳＡの狙いが貯蓄から投資なので、これらを扱ってしまうと本末転倒だということから外されたのが実情でしょう。外貨預金についても同様です。

投資信託については、設計上株式には一切投資できない「公社債投資信託」は、ＮＩＳＡの対象外です。個人向け国債や社債、米国債といった債券にもＮＩＳＡを通じて投資はできません。ＭＭＦ（マネー・マネジメント・ファンド）、ＭＲＦ（マネー・リザーブ・ファンド）、外貨建てＭＭＦ、ＦＸ（外国為替証拠金取引）、金取引、信用取引やオプション取引も、対象外に含まれます。

売ったり、買ったりは自由

年間の投資額が上限１００万円と定められているＮＩＳＡですが、購入タイミングについての制限は設けられていません。

ですから、２０１４年の１００万円分の枠に対して、一度に１００万円分の上場株式や投資信託を購入してもかまいませんし、１月に10万円分、３月に20万円分、８月に30万円分……というように、年末までに１００万円分を分散して購入しても、まったく問題ありません。もちろん、１年間で購入する金額が１００万円に満たなくてもいいわけです。

ただし、使わなかった枠を翌年に持ち越すことはできません。

投資の基本は「安く買って高く売る」ですから、株式の場合、底値を狙いたいとは誰もが思うところです。「まだ株価は高値水準かもしれない」と考えるなら、そのときにムリして買う必要はありませんし、下がるのを待つというのも立派な戦略です(とはいえ、待ち続けた挙句、チャンスを逃すということにもなりかねませんが……)。

あるいは、投資タイミングに制限がないということは、一部の金融機関がサービスの一環として提供する、最低取引単位以下の株式を購入できる**「単元未満株投資」**「るいとう」、５０００円や1万円など毎月決まった金額で投資信託を自動的に購入する「投信積み立て」を利用することも、ＮＩＳＡでは可能です。

こういったサービスの利点は、購入したい株式や投資信託、および金額を設定さえしておけば、定められた日時に口座から引き落として商品を自動的に買い付けてくれることです（一部は自動積立の対象外）。普段は仕事、家事や育児に忙しい人にとっては、うっかり購入し忘れるというケアレスミスを防げるでしょう。

さらに、株価や投資信託の基準価額は日々変動しますが、毎月積立で購入することで購入単価を平均化することができ、高値づかみしてしまうリスクを減らすことができます（詳しくは第3章で取り上げます）。

ただし、これら株や投資信託の積み立てサービスは、金融機関によって取扱いの有無が異なりますから、やはり事前に確認しなければなりません。

NISAの概要をまとめると…

利用できるのは：

日本に住んでいる満20歳以上の人
（口座を開設する年の1月1日時点）

口座開設数：

原則1人1口座

非課税枠はいくら？

毎年、新規投資額で100万円まで
（トータル500万円まで）

口座を開設できる期間：

10年間（2014年から2023年）

非課税になる期間：

最長5年

途中で売却できる？

いつでも売却できる

コラム 1

「NISA」と「ISA」にはどんな違いが？

利便性の高い、イギリスのISA

NISAは、すでにイギリスで施行されている「ISA（Individual Savings Account：個人貯蓄口座）」を参考にした制度で、その日本版ということから「NIPPON（日本）」の頭文字である「N」が付け足されて、「NISA」という愛称に落ち着きました。

あくまで「参考」ということからわかるように、NISAとISAは似て非なる制度です。たとえばNISAの投資対象は上場株式や投資信託等ですが、ISAでは、株式や公社債、投資信託、保険等を含む「株式型ISA」と、預金やMMFが対象の「預金型ISA」があります。

さらに口座の開設条件は、NISAでは日本国内に住む20歳以上が対象ですが、ISAはイギリスに居住する人で、預金型ISAは16歳以上、株式型ISAは18歳以上と定められています。

また、年間非課税枠の上限も異なります。

NISAの100万円に対して、日本円換算で株式型ISAは約181万円、預金型ISAは約91万円（2013年の場合）。ただしこれら拠出額は消費者物価指数に応じて1年ごとに改定される仕組みで、すなわち、デフレが起きると下がり、インフレだと上昇します。日本のように固定というわけではありません。

もっとも大きな違いは、現時点でNISAの開設期間は2014年から10年間に限定されているのに対して、ISAは恒久的に非課税で、累積投資金額は無制限だということ。株式型ISAと預金型ISAの間で資産を移管したり、口座ごと他の金融機関へ移すことも可能です。どちらかというと、NISAに比べて利便性は高いといえるでしょう。

こういった点については、日本でも金融業界が恒久化を要望するなど、今後は制度の改定が行われる可能性もあります。

1ポンド＝157.21円（2013年10月13日調べ）で計算

NISAの趣旨や背景とは？

ＮＩＳＡが導入される経緯ですが、そもそもは、２０１３年末で廃止される株式譲渡益の10％優遇税制に替わる制度として、導入されました。ただしその内容は、これまでの優遇税制は投資金額が無制限なのに対して、ＮＩＳＡは非課税ではあるものの年間１００万円と低く抑えられているのが特徴です。

じつはここがポイントで、ＮＩＳＡの狙いでもあるところ。それは、若年層をはじめとする個人に、投資を通じた資産形成を促したいという、政府の目論見です。

というのも、バブル崩壊後から現在まで、サラリーマンの平均収入は右肩下がりで、現金給与総額は１９９７年の月平均37万１６７０円から、２０１２年には31万３６９５円まで減少しました（厚生労働省：勤労統計調査より。従業員５人以上の事業所）。金融広報中央委員会による「家計の金融行動に関する世論調査」でも、金融資産をまったく保有していない２人以上の世帯割合は、１９７２年の３・２％から２０１２年には26％まで上昇しています。

日本の家計の金融資産は１５００兆円規模といわれていますが、個別で見ると資産形成が不十分な家庭は増加傾向にあるのです。
こういった点から、個人が安定的な資産形成を中長期で取り組める仕組み作りとして、NISAに白羽の矢が立ったというわけです。

これまで日本では「貯蓄から投資へ」というスローガンのもと、さまざまな施策が行われてきましたが、どれもが効果としては不十分なようです。このような現状をNISAで打開したいというのが、政府の考えなのです。
一方で、会社の給料や企業年金だけに頼れなくなりつつある昨今、個人による積極的な資産形成が求められ始めていることも、紛れもない事実。両者の思惑からも、NISAはメリットのある制度と捉えることができるのではないでしょうか。

NISAのもうひとつの狙いは、家計から成長資金の供給を拡大することです。先述しましたが、日本国内の家計が保有する金融資産は1500兆円にのぼりますが、そのうち現金・預金が占める割合は55・2%（2012年3月末）と過半数を占め、これはドイツの40・9%(2011年12月末)、アメリカの14・5%(2012年3月末)などに比べると高い水準にあります(日本銀行「資金循環統計」より)。

そこで、貯蓄から投資へという流れを促進させることは、たとえば株式であれば、個人が株を買うことで企業は潤沢な資金を確保することにつながります。上場企業は株主から募った資金=成長資金を使い設備投資など事業を拡大するので、NISAは日本経済の下支え、あるいは活性化にとっても、非常にメリットがあるでしょう。

もちろん家計から企業への資金供給が拡大して経済が成長すれば、それは投資成果や給与の増加という形で還元され、家計が潤い、さらなる投資につながるという好循環を生み出すことも考えられます。

安倍政権ではデフレからの脱却を目指し、成長戦略を掲げていますが、そういった観点からも個人から多くの投資が期待できるNISAという制度は、魅力的に映っているはずです。うがった見方かもしれませんが、今後の日本経済の発展には、個人による株価の下支えが必要不可欠という考えがあるのかもしれません。

第2章

NISAを利用するなら、ここを見逃すな！

―意外に知らされていない!? 11の盲点―

たしかにお得！でも使いかたを誤ると…

ＮＩＳＡの場合、年間１００万円という投資上限があり、一度使った投資枠は再利用できませんから、頻繁に売買を繰り返すと保有できる金額が小さくなり、それに伴い得られる利益も少なくなる可能性があります。

今後、ルールは改定されるかもしれませんが、**この非課税枠をムダなく、適切に使っていくか、**利用者にはそういった視点も必要です。

本章では、このようなＮＩＳＡを活用するうえで、うっかり陥りがちな盲点について整理していこうと思います。

- **１年間に与えられる１００万円の非課税枠の使いかた**
- **非課税期間終了後の流れ**

●ひとつの金融機関における非課税投資が可能な期間

これら3つのポイントを押さえておかないと、うまく活用できないどころか、損をしてしまうことになりかねないので注意してください。

一度使った非課税枠はリサイクルできない

まず挙げておきたいのは、**1年間に与えられる100万円の非課税枠の使いかたに**ついてです。

そのひとつが、一度使った非課税枠は再利用できないということ。前述したように、NISA口座で購入した金融商品は、その後いつでも売却・解約することができます。ところが、その分枠が空いたからといって、再び使うことはできません。どういうことかというと、あくまでも年間で累積100万円までの非課税枠は使えるものの、使った枠は消滅するということです。

たとえば、次のようなケースで考えてみましょう。

●２０１４年１月：
非課税投資枠で50万円分の投資信託Ａを購入
⇒２０１３年分の非課税枠は残り50万円

●２０１４年５月：
非課税投資枠に保有する投資信託Ａを解約して、10万円の利益
⇒ここで得た10万円の売却益については非課税扱い

この段階で、２０１４年分の非課税枠はいくら使えるでしょうか？

ここで、新たに１００万円分までの株式Ｂが購入できるかというと、それはできません。一度使ってしまった非課税枠（50万円分）は売却した時点で再利用できないルールなので、この年で残った非課税枠は50万円のみ。購入できるのは、50万円分までの金融商品に限られてしまうのです。

売却しても、一度使った非課税枠はリサイクルできない。このように考えると、**ＮＩＳＡ口座では頻繁に売買を繰り返すと、それだけ非課税枠を消費する**ということ。ですから、**株式の短期売買などには向いていません。**あっという間に上限を迎えてしまうでしょう。

ＮＩＳＡが長期的な資産形成が向いていると言われるのも、このようなルールがあるため。利用者が商品の買い替えやリバランス（投資対象を替えること）するには不向きだということも理解しておきましょう。

使いきらなかった非課税枠は翌年以降に持ち越せない

また、年間１００万円の非課税枠は、翌年以降に持ち越すこともできません。

たとえば、２０１４年に70万円分の株式を購入したものの、残り30万円分は年内に使わなかったとします。

そこで２０１５年になると、新たな非課税枠１００万円分が生まれるのですが、ここに前年使わなかった30万円分を上乗せして、１３０万円分の非課税枠に増額することはできないということです。

あくまで、年間の非課税枠の上限は１００万円まで。やはり、それを超える投資はできません。

利益にはやさしいが、損失には冷たい一面も

また、ＮＩＳＡ口座は売却した時点で利益があれば非課税になりますが、他方で損をした場合は、課税口座（一般口座や特定口座）と損益を通算することができません。つまり、利益に対して「なかったこと」とする代わり、損失についても同様にみなされてしまうということです。

一度使った非課税枠はリサイクルできない

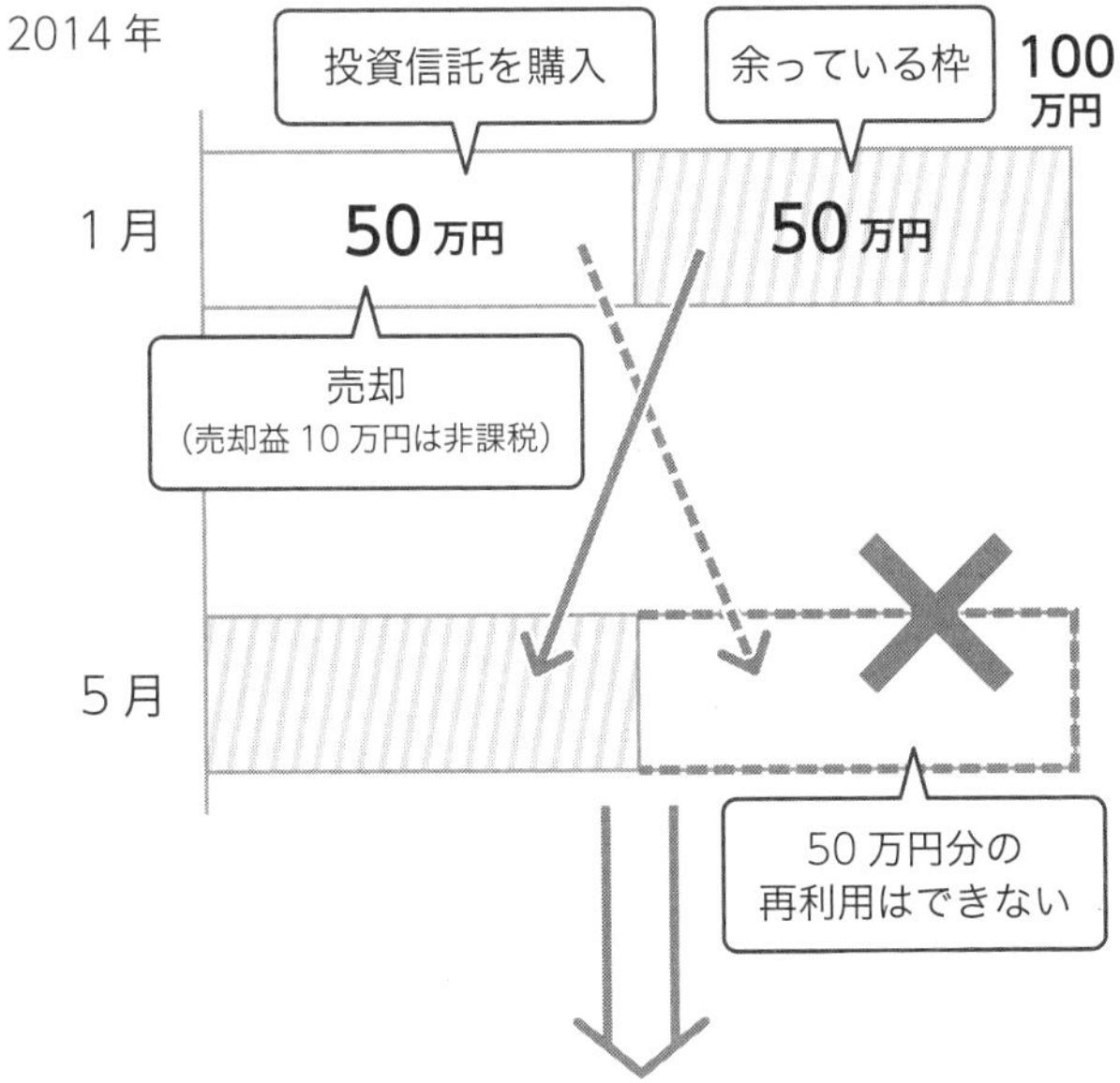

1年間で使える枠は

100万円－すでに購入した金額

（※金額に手数料は含まない）

ここで、**損益通算**についてわかりやすく解説したいと思います。

これは、複数の金融機関で投資をするにあたり、1年間の運用の結果、ある口座では利益が出て、他では損失が出てしまった場合に**利益と損失を差し引きできる制度のことで、確定申告をすることで余分な税金の支払いを避けられます。**

たとえば、2014年に課税口座で取引した際に、A証券では30万円の利益があり、B証券では20万円の損失があったとします。

この場合、A証券の利益に対しては20％が課税されますから（復興特別所得税は除きます）、6万円が税金として差し引かれることになります（特定口座で源泉徴収ありの口座の場合）。B証券では20万円の損失が計上されていて、この場合は課税されません。

するとこのケースでは、実質的な利益は「30万円－20万円＝10万円」にもかかわらず、税金は6万円も引かれることになります。そこで確定申告で損益通算を行うこと

余った枠は翌年に持ち越せない

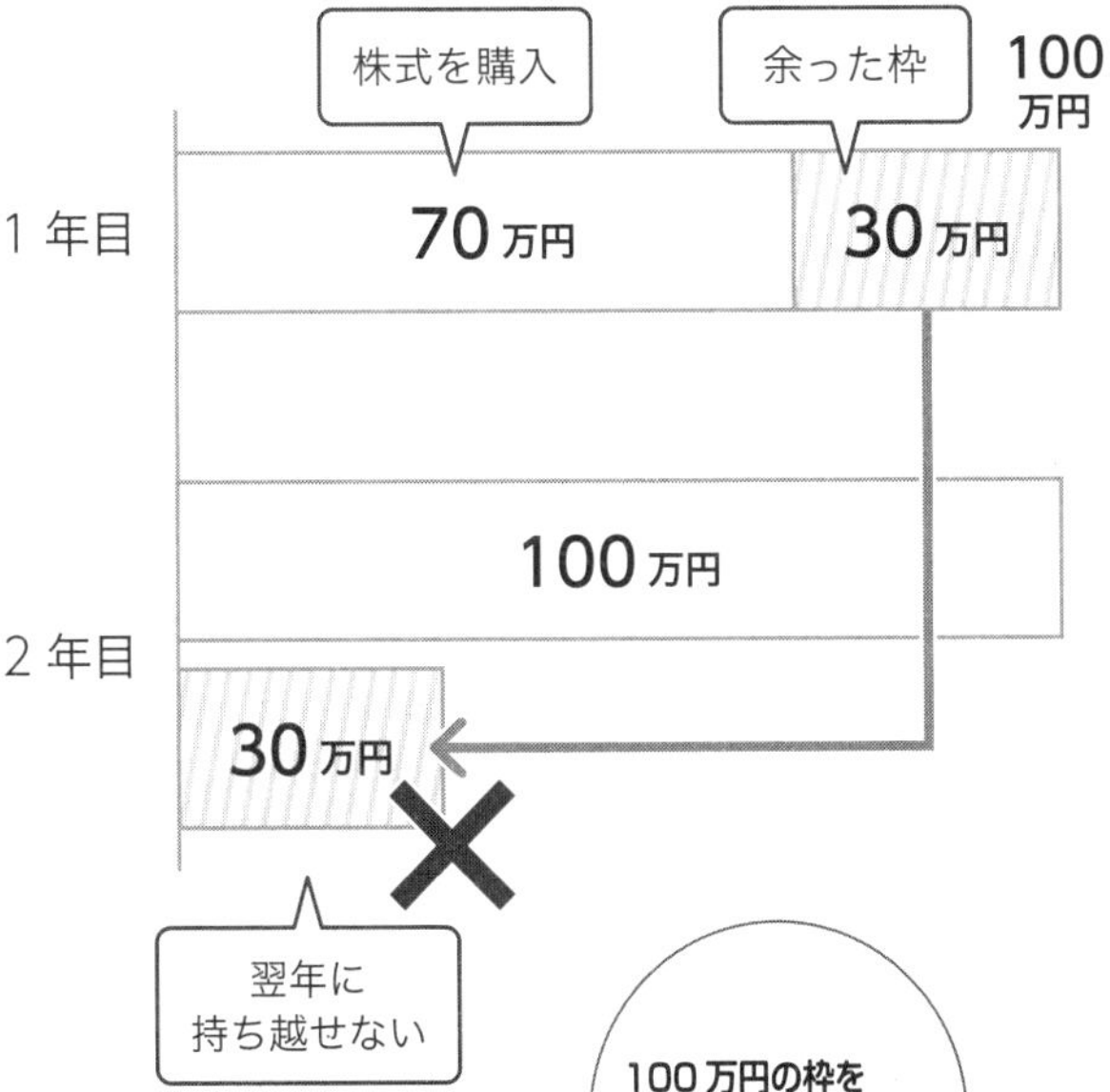

により、10万円の利益に対する20％の課税、すなわち2万円に減るので、「6万円－2万円＝4万円」は払う必要がなくなります。余分な税金を支払わずにすむというのは、こういった仕組みがあるからです。

ところが、同じく2014年に、A証券の課税口座で30万円の利益があり、B証券のNISA口座で20万円の損失が発生したとします。

この場合も、両者を合計すれば10万円の利益しか出ていないのですが、残念ながらNISA口座は損益通算の対象外です。よって課税口座の利益30万円に対して20％の税金が課せられ、6万円が差し引かれることになります（復興特別所得税は除きます）。つまり、**10万円しか利益がないのにもかかわらず、6万円を税金として納めなければならない**のです。

これは税率換算すると60％にもなりますから、とんだ重税です。課税口座とNISAを同時に使う場合は、こういった思わぬデメリットが生じる可能性があるというわけです。

損益通算で賢く節税できる

ケース1　損益通算できない場合

A 証券

利益
30 万円

→ 30 万円の 20%
6 万円の税金
が引かれる

＝ 手元に残るのは
24 万円

B 証券

損失
20 万円

損失として計上。課税されない

実質の利益は
30 万円－20 万円
＝10 万円

10 万円に対し
6 万円引かれている計算。
税率換算すると
60%にも!!

ケース2　損益通算できる場合

利益
A 証券
30 万円

－

損失
B 証券
20 万円

＝ 10 万円

ここから
20%の税金
2 万円が引かれる

6万円－2万円＝
4 万円の
キャッシュバック

なお、1年間を通じて株や投資信託で損失を計上した場合は、確定申告を通じて翌年以降の利益と相殺できる「3年間の繰り越し控除」もＮＩＳＡでは利用することができません。

このように、利益に対しては手厚いサポートが受けられる半面、損失についてはフォローされない制度ということを理解する必要があるでしょう。

5年間の非課税期間が終了したらすべきこと

ある年の非課税枠を使い購入した金融商品は、5年間の非課税期間を待たずに途中で売却・解約しても、途中で課税口座に移しても、何ら問題はありません。

では、保有したまま5年後を迎えたら、どうすればいいのでしょうか。

その場合は、次の選択肢からどれかを選ぶことになります。

1．非課税期間直前に売却・解約する

5年間の非課税期間が終わったら…

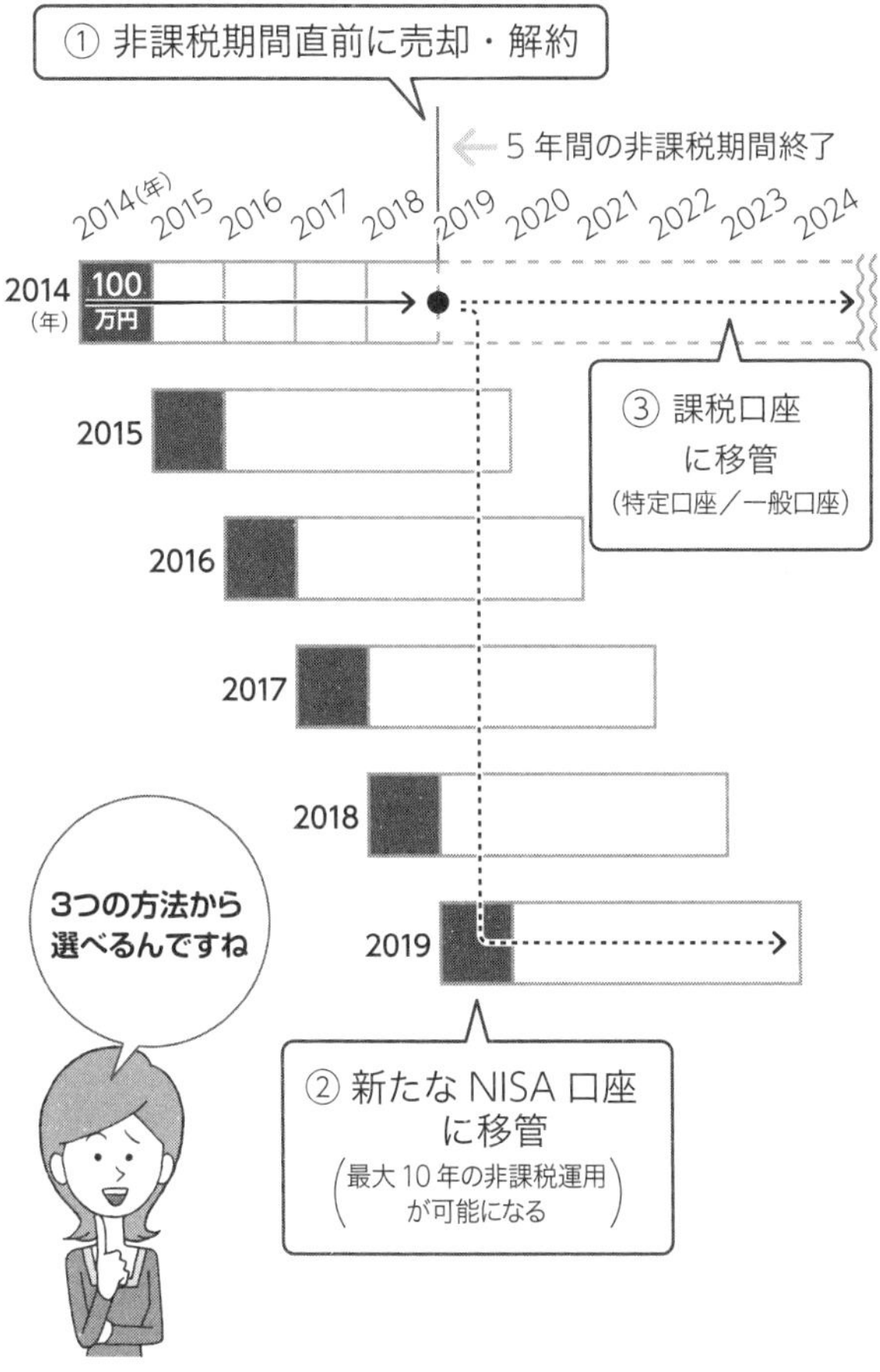
① 非課税期間直前に売却・解約
5年間の非課税期間終了
2014(年) 2015 2016 2017 2018 2019 2020 2021 2022 2023 2024
2014
(年)
100
万円
2015
2016
2017
2018
2019
③ 課税口座
に移管
(特定口座／一般口座)
② 新たなNISA口座
に移管
(最大10年の非課税運用
が可能になる)
3つの方法から
選べるんですね

2. 翌年の新たなNISA口座の非課税投資枠に移管する（ロールオーバー）
3. 特定口座や一般口座といった課税口座に移管する

1の場合、その時点で株式や投資信託に含み益が生まれていれば利益が確定し、それらは非課税扱いになります。

2のロールオーバーを選択した場合ですが、たとえば2014年の投資枠であれば5年後の2018年に非課税期間は終了するので、2019年の非課税枠に移すことになります。

そうすると**さらに5年間は非課税メリットを受け取ることができる**ので、NISAによる同一投資商品の非課税期間は「5年×2回＝最長10年」になるわけです。

そして3を選んだ場合は、NISA口座内で保有していた金融商品は、課税口座へ移管することになります。

ここで覚えておいていただきたいのは、２と3を選んだ場合は、ともに**移管すると きの時価が、その後の取得価格になる**ということです。この場合、移管前の価格によって、その後の対応が異なってきます。

翌年の非課税口座へロールオーバーした場合

５年間の運用の結果、１００万円分で買った株式に30万円の含み益が生まれていたとします。この場合は、１００万円分は新たな非課税口座へ移管できますが、残り30万円分は課税口座へ移すか売却しなければいけません（P65ケース１）。

そして、課税口座へ移した30万円分の株式ですが、その後に40万円に株価が上昇しても、課税対象になるのは、

40万円－30万円＝10万円

に対してだけです。

反対に5年間の運用の結果、１００万円分で買った株式が値下がりして40万円の含み損が発生、資産価格は60万円になっていたとします。この場合はすべて翌年の非課税枠にロールオーバーすることができ、さらに空いた枠の40万円分を使い、新たに金融商品を買い付けることも可能です（P65ケース2）。

課税口座へ移管した場合

注意しなければならないのは、非課税期間終了後に課税口座へ移管したケースです。このときは、非課税期間終了時点の時価で再取得ということになりますが、これがネックになることがあるのです。

まず、非課税期間に１００万円分の株式を買い、5年後に１２０万円になっていたとします。この場合は、課税口座へ移した時点で１２０万円の資産を取得したとみなされます。よって、移管後に１５０万円まで資産価値が上昇したときに売却すれば、

新しくNISA口座に移し替える場合

ケース1　5年後に値上がりした場合

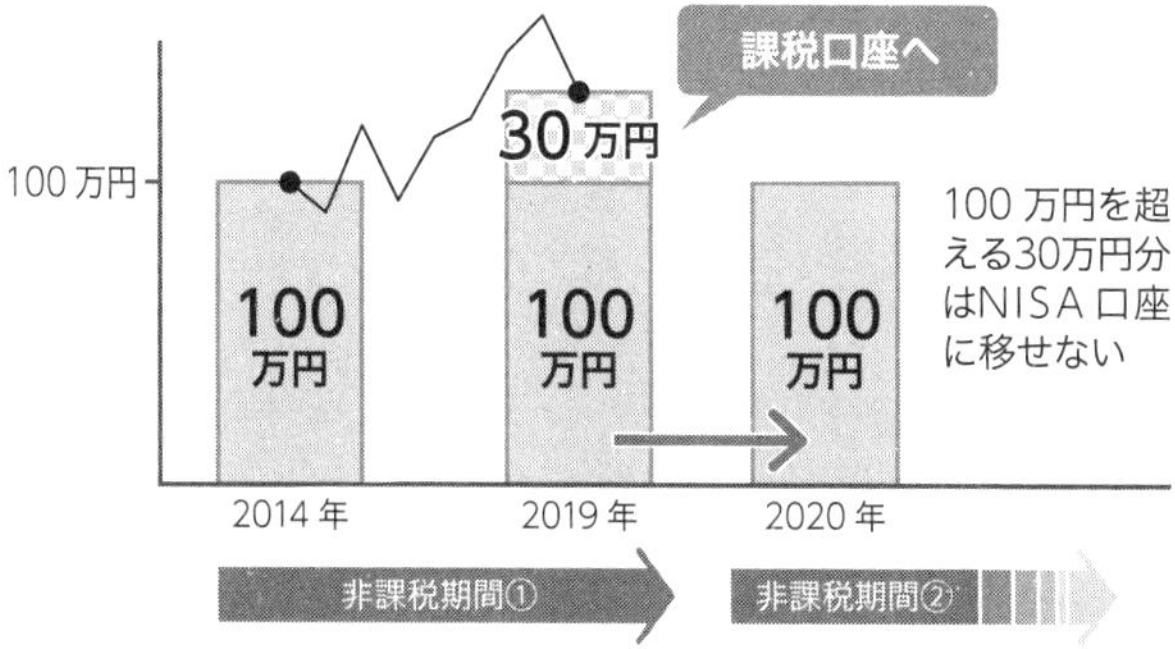

ケース2　5年後に値下がりした場合

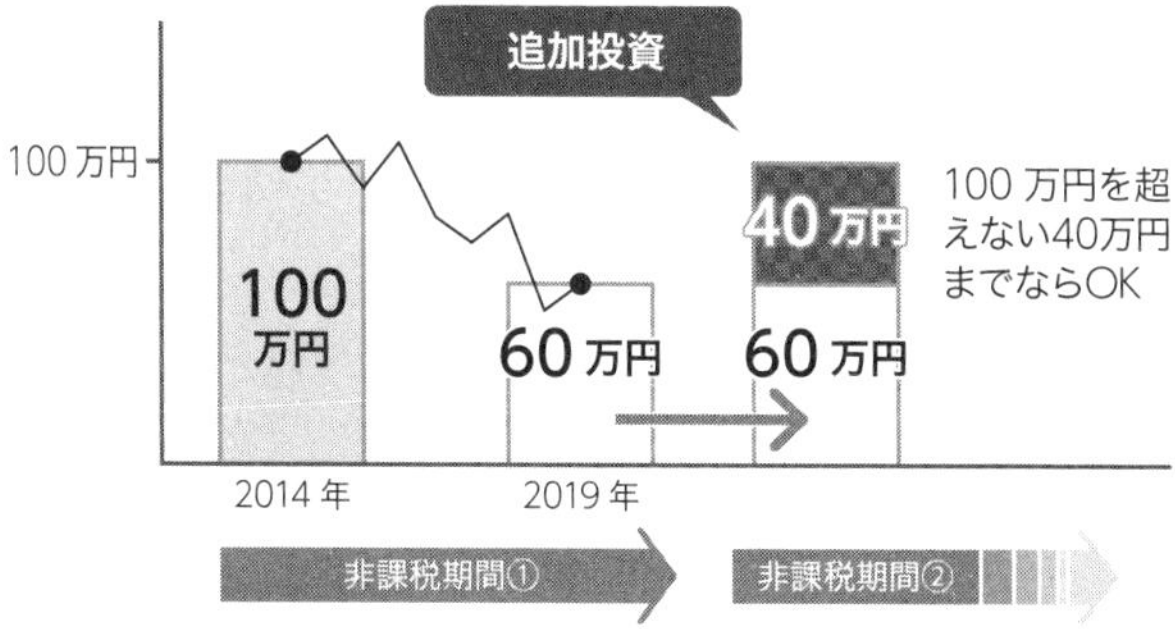

売却価格150万円－取得価格120万円＝30万円

が課税対象になり、支払う税金は、

30万円×20％＝6万円

です（特別復興所得税は除きます。以下も同じです）。結果的に、100万円から120万円まで上昇した分の売却益20万円に対しては、非課税扱いになります。

反対に120万円で移管した後に110万円に値下がりすれば、当然ながら税金はかかりません。さらに課税口座での取引なので、他の上場株式や投資信託等の運用結果との損益通算や繰越し控除ができます（P69ケース1）。

資産価格が下がった場合、税金負担が増えることもある

問題は、非課税期間終了時に、資産が値下がりしていた場合です。

たとえば、１００万円分で買った株の価格が下がり、60万円になっていたとします（P69ケース２）。この時点ですでに、損益通算できない40万円の損失が出ていることになるのは、ご理解いただけるでしょう。

これを課税口座へ移すと、取得価格は60万円とみなされます。その後、70万円に値上がりした時点で売却すると、

70万円－60万円＝10万円

が課税対象になり、

10万円×20％＝２万円

実際は購入価格よりも値下がりして損失であるというのに、２万円の税金を支払わなくてはならないのです。同様の取引でもし最初からＮＩＳＡ口座を利用していなければ、税金は発生しませんでした。

さらに同様の価格で取得したケースで、その後株価が上昇して130万円で売却したとします。この場合は、

売却価格130万円－取得価格60万円＝70万円

に対して課税され、支払う税金は、

70万円×20％＝14万円

になります。

ここでポイントになるのは、もともと投資したお金は100万円だということです。

仮に同様の取引をNISA口座を使わずに行っていた場合は、

売却価格130万円－投資価格100万円＝30万円

が課税対象ですから、

課税口座に移し変える場合

ケース1　5年後値上がりした場合

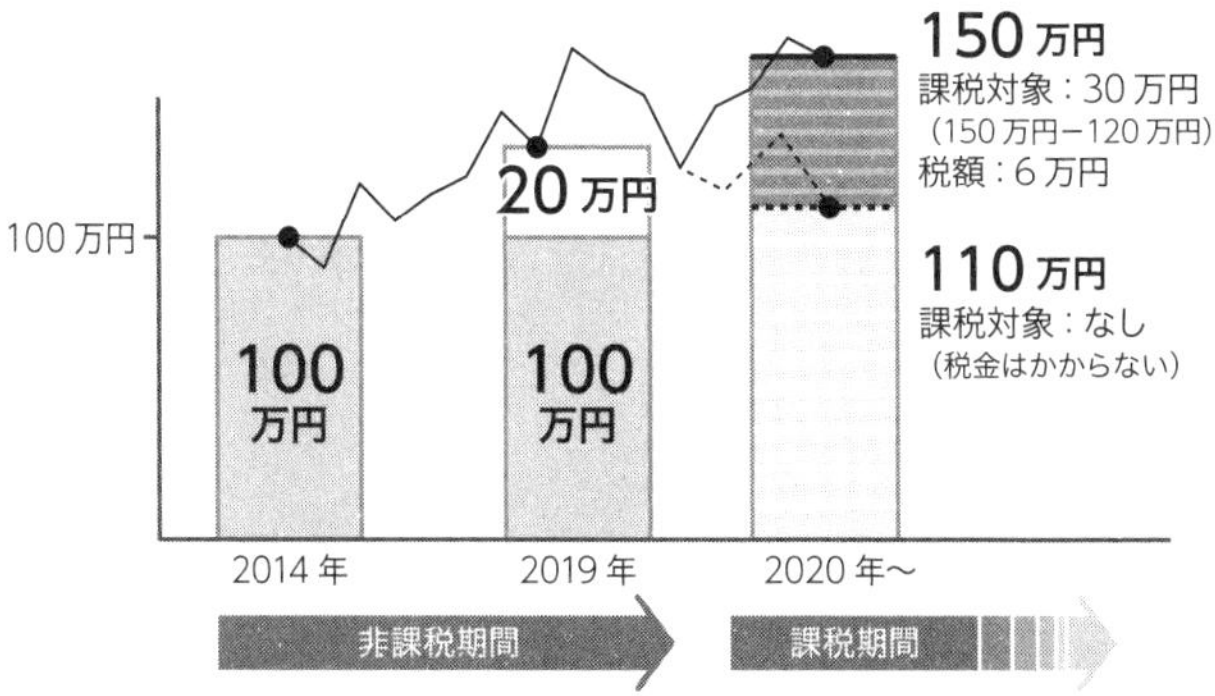

ケース2　5年後値下がりした場合

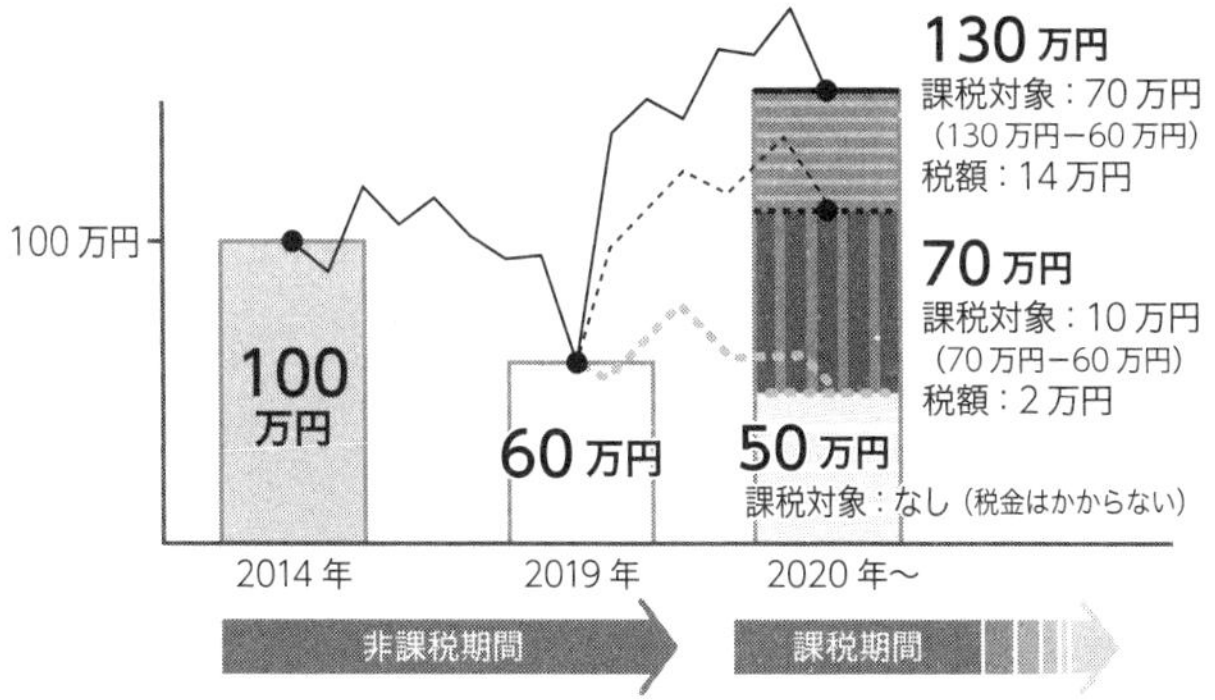

30万円×20％＝6万円

の税金を納めるだけですんだのです。

このように、非課税期間終了時に投資金額が値下がりしていて、課税口座へ移管後に取得価格より値上がりした場合は、**税金が増えてしまうケースがあるということな**のです。

利用年数の制限が、「塩漬け」のネックになることも

本来、投資商品は必ず値上がりするとは限りません。

たとえば、100万円で購入した株が50万円になるような大幅な値下がりをした場合、値が戻るまで長時間持ち続ける「塩漬け」にするケースも少なくありません。

一般の口座ならいつまでも塩漬けしておくことができます。しかし、**NISAは非課税になる投資期間が最大5年と決まっているため、その時点で「売る」か「ロール**

オーバーする」か、決める必要があります。

ですが、投資商品は安いときに買って、高いときに売るしか利益は得られません。よって、5年間の非課税期間終了時に資産価格が下がっている（含み損が発生している）場合は課税口座へ移管するのではなく、翌年の非課税枠へロールオーバーしたほうがいいことがわかります。

100万円分の投資可能額に対して空いた枠で新たに金融商品を購入することもでき、その後に値上がりすれば、引き続き5年間は利益に税金はかかりません。

NISA口座には4年間のしばりがある

金融機関を選ぶときにもご注意いただきたいことがあります。

さらに現状の制度では、毎年の投資可能額である100万円を守るため、NISA口座は1人1口座（1金融機関）に定められているとは、すでに述べた通りです。

では、一度を決めてしまえば、10年間同じ金融機関の口座を使い続けないといけないかというと、絶対にそうとは限りません。ＮＩＳＡでは口座を開いている最中に金融機関を変更することはできませんが、**３つにわかれた期間それぞれで、スイッチすることは可能**です（もちろん、同じ口座を使い続けてもかまいません）。

この「３つにわかれた期間」のことを正式に「勘定設定期間」と呼び、投資家は各勘定設定期間で１金融機関の利用ができるのです。それぞれの期間は次の通りです。

①第１期（４年間）：２０１４年１月１日～２０１７年12月31日
②第２期（４年間）：２０１８年１月１日～２０２１年12月31日
③第３期（２年間）：２０２２年１月１日～２０２３年12月31日

すでに第１期の口座開設の申し込みは始まっていますが、勘定設定期間とは、一度の手続きで非課税投資が可能になる期間のことです。ですから、２０１３年以内に口座を開設した人は２０１４年１月から２０１７年12月末までは非課税投資が行えます。

別の言いかたをすると、第１期の４年間は口座を開いた金融機関から他へは替われないということです。**仮に第２期は別の金融機関に変更したいというなら、２０１７年10月から第２期の口座開設の申し込みが始まるタイミングで、新たに申請を行えばいいのです。**

なお、ひとつの勘定設定期間にＮＩＳＡ口座を持ってしまえば、その期間が終了するまでは非課税投資が行えます。ですが、次の勘定設定期間も同じ金融機関を使うからといって、何もしないでいいわけではありません。第１期から第２期であれば２０１７年10月以降から開始前までに、住民票の写しなど、ＮＩＳＡ口座開設の際に必要とされた書類（第４章参照）を再度提出しないといけません。自動更新はされないので、注意しましょう。

また、勘定設定期間は**非課税口座の開設時期にかかわらず変わることなく一定**です。たとえば２０１３年のうちに開設すれば第１期の４年間を丸々使えますが、２０１４年に申し込みを済ませ翌年からＮＩＳＡを通じた取引を始めたとしても勘定設定期間は2017年末まで。1年間延びるということはありません。
そして第2期からの非課税口座の利用には、同じ金融機関でも別の金融機関でも、別途開設の申請が必要になるということです。

金融機関の乗り換えはできるが、実際は…

勘定設定期間ごとに金融機関を替えられるのは、投資家にとっては朗報です。というのは、第1期にある証券会社にNISA口座を作ったものの、「取引したい投資信託がなかった」「手数料が高かった」といった不満があるとき、第2期には別の金融機関に乗り換えができるからです。すなわち勘定設定期間は第3期までありますから、口座開設可能期間の10年間で、最大で3つの金融機関にNISA口座が持てます。

ところが実際は、そうもいかない事情があるようです。なぜかというと、第1期に開いたNISA口座で保有する株や投資信託といった金融商品を、5年間の非課税期

NISA口座は期間中2回だけ替えられる

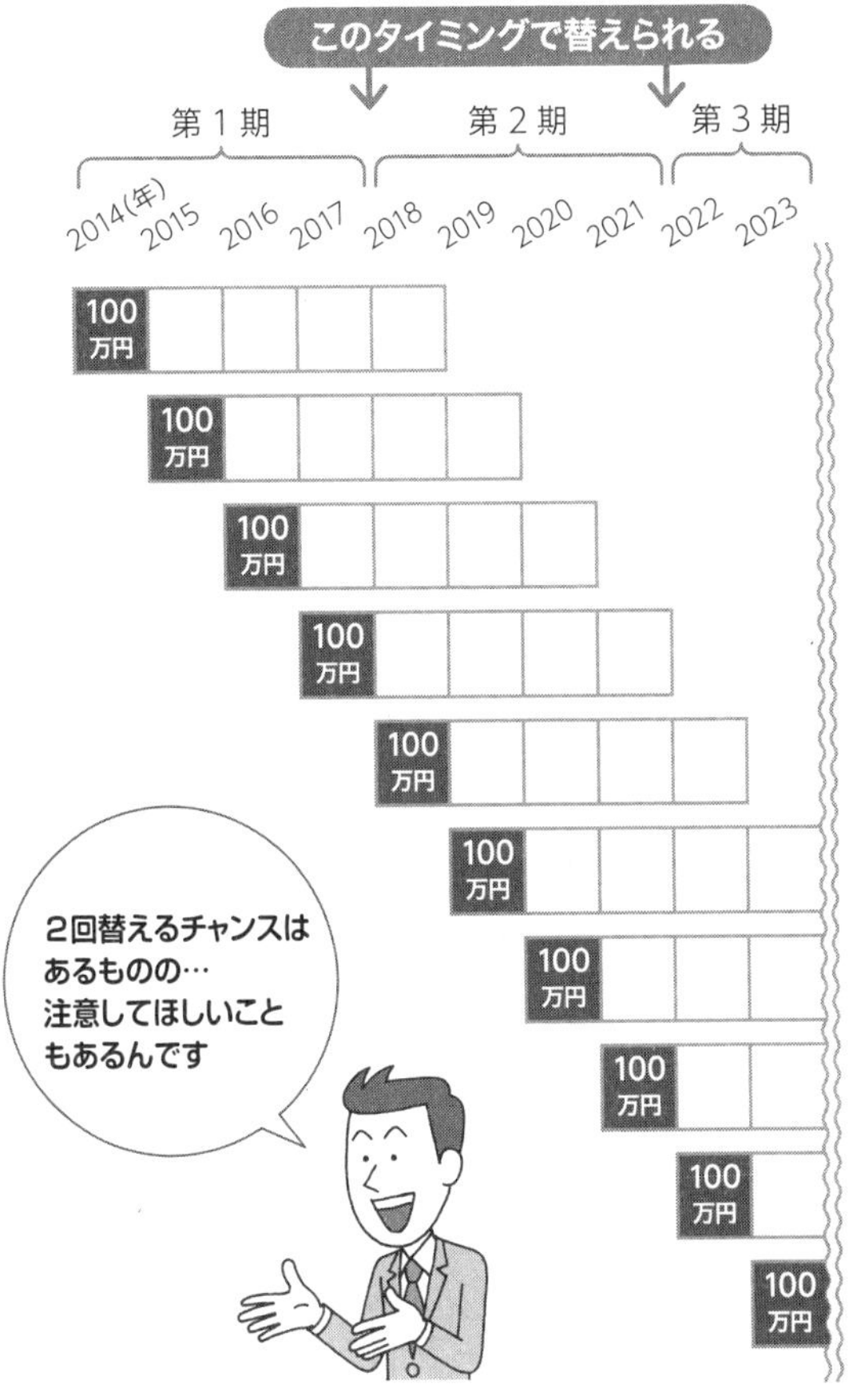

間が終わり新たなＮＩＳＡ口座に移管（ロールオーバー）するには、第２期も同じ金融機関である必要があるからです。

現段階では、**金融機関をまたいだロールオーバーは認められていない**のです。どうしても別のところで取引をしたいなら、ＮＩＳＡ口座内に保有する金融商品はすべて売却して、次の証券会社や銀行で買い直す必要があります。

とはいえ、これでは非課税メリットを活かしきれているとは到底言い難いでしょう。よって**現状だと金融機関の変更はしづらいと考えたほうがよさそう**です。

これまでも述べてきましたが、口座開設前にどの金融機関にＮＩＳＡ口座を持ったらいいのか十分以上に検討するべきというのは、こういった独自のルールがあるからです。ただし現状の制度はあまりにも投資家にとって不便であり、金融機関にとっても口座の乗り換えを促せないという不利益を生じさせます。すでに関係各所から制度変更の要望は出されているようで、これが受け入れられると、金融機関をまたいだロールオーバーも認められるようになる可能性はあります。

第3章

NISAが必要な人と、必要ではない人がいる

―ライフスタイルに合った投資方法を考えてみる―

投資はギャンブル？

これまで資産形成といえば預貯金がメインで、投資未経験な方にとっては、いくら非課税の恩恵があるとはいえ、大事な資産をリスク商品に投じるのは抵抗があると感じているかもしれません。

ご存じの通り、株式や投資信託は元本が保証された金融商品ではありません。仮に10万円で購入した株が5万円に値下がりすればそれだけの含み損が発生し、これを売却した時点で損失が確定します。預貯金であれば、こういった危険が生じることはないでしょう。このような特有のリスクがあることから「投資は怖い」「ギャンブルとさほど変わらないのでは」と不安を覚える人がいることは、仕方のないことだと思います。

ですが、これから考えないといけないのは、デフレからインフレへの転換が現実のものになりつつある以上、預貯金に頼るだけの資産形成には限界があります。また、給与も頭打ちといった現状では、投資に目を向ける必要も少なからずあるということです。

投資には価格変動のリスクがありますが、適切に運用して利益を出すことができれば家計の資産形成にプラスに働き、ひいては日本経済の活性化にもつながります。ならば、株式や投資信託といったリスク商品の特性を理解しつつも、それを抑えた運用を心掛けることで、リターンを狙っていくという考えがあってもいいはずです。

たとえば、ある程度のリスクを取りながらも安定的に収益を得るためのポイントとして「分散投資」と「長期投資」が挙げられます。金融庁の試算では、次のような結果が得られています（P81グラフ参照）。

ここからわかるのは、**投資効果はさまざまな要因で上下するものの、長期的にみると幅広い対象に長期・分散投資をしていれば、安定的に収益を得られてきた**ということです。すなわち、投資を危険なギャンブルではなく、資産形成の一助として使えることを意味しているのではないでしょうか。

ＮＩＳＡを利用する際も大事なのは、こういった視点を持つことです。やみくもに株式や投資信託を買ってしまえば、資産をリスクにさらすことになりますが、このように「長期投資」「分散投資」を考慮することで、危険を減らすことはできます。

もちろん元本保証の商品ではないので、必ずしも収益を約束するわけではありません。ですが、こういった管理を徹底することで、**リスクコントロールはできる**ということを理解していただければと思います。

さらにＮＩＳＡを使えば、年間１００万円が上限だとはいえ、そこから生まれる利益に税金がかかりません。投資の経験者、初心者にかかわらず、まずは使ってみて、その恩恵を確かめてみてはいかがでしょうか。その際に、より上手に使えるよう、失敗しないよう、本章では手引きを進めていくことにします。

「定期預金」「分散投資」の収益比較
(2003年～2011年 金融庁試算)

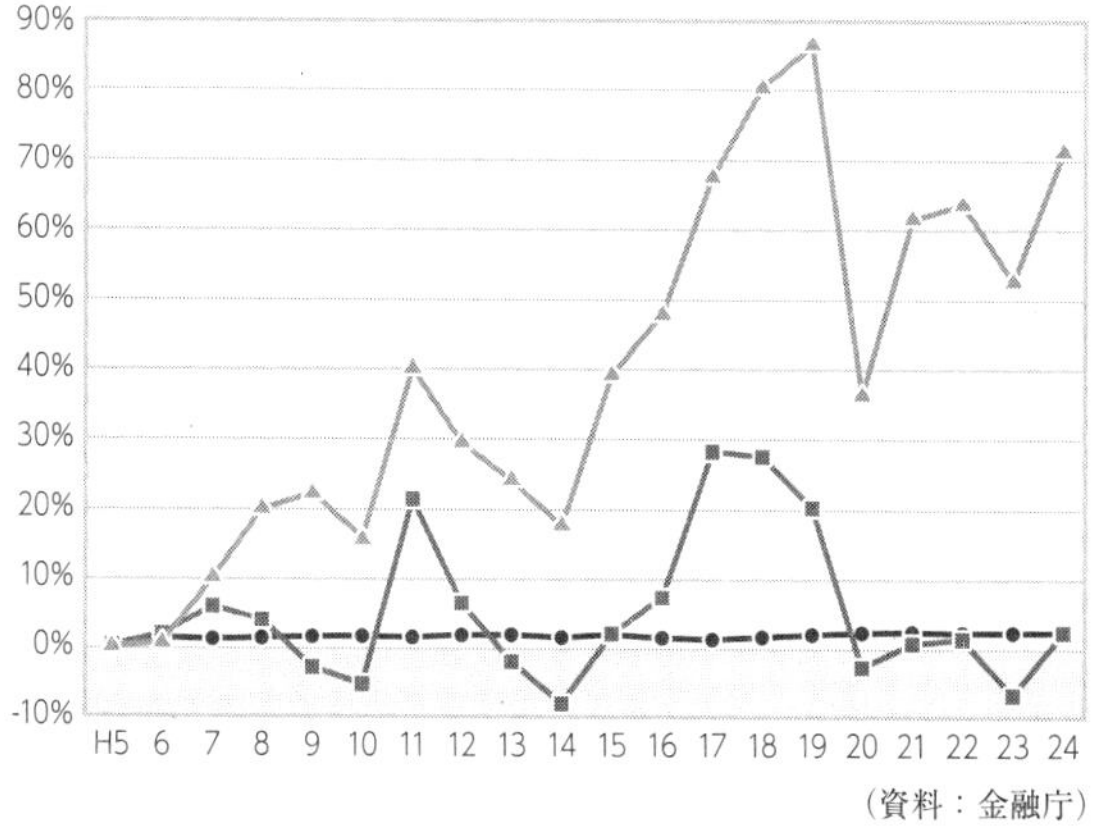

●：**定期預金**　2003 年～ 2012 年までの累積で 1.7%。
2 年平均 0.1%の収益

■：**国内の株・債券に半分ずつ投資**
2003 年～ 2012 年までの累積で 2.1%。
年平均 0.1%の収益

▲：**国内・先進国・新興国の株・債券に 6 分の 1 ずつ投資**
2003 年～ 2012 年までの累積で 71.1%。
年平均 3.6%の収益

NISAが必要な人、必要ではない人

本書はNISAについて取り上げ、非課税の恩恵を受けようというスタンスで話を進めているので本末転倒になるかもしれませんが、そもそもこの少額投資非課税制度は、利用すべき人とそうでない人がいるというのも事実です。

NISAを活用したほうがいいのは、投資に使える余剰資金を持ち、それをリスクにさらしてもかまわないと考える人たちです。

すでに申し上げましたが、NISAで取引できる金融商品は、すべて価格変動リスクがありますから、それを前提に投資しないといけません。どれだけ注意を払って取引を行ったとしても、100%勝つことはほぼ不可能に近いからです。むしろ、負けることも考慮して取引しないといけないでしょう。

すなわち、**NISAを利用すべきでないというのは、絶対に資金をリスクにさらしたくない、あるいは投資に回す余剰資金を持たない人**のことです。

なかでも投資で絶対にやってはいけないことは、生活費や直近で必要とされるお金を投じること。来年から子どもが小学校に入学するのに、教育費を投資にまわすなどもってのほかです。そんなことをしていると家計は破綻し、家庭は崩壊してしまいます。ですから、お金をリスクにさらせない、余剰資金がないという人は、あえてＮＩＳＡを使わない。それよりはしっかりと預貯金をするほうが先なのです。

とはいったものの、自分が保有する金融資産のうち、どれだけをＮＩＳＡを含めた投資にまわしてよいのか、どれだけを守るお金として持っておけばいいのか、把握できない人も多いように思います。

そこでここからは、ライフプランシートなどを活用した、「守るお金」「殖やすお金」の算出方法について紹介していきます。これをご自身に照らし合わせていただくことで、ＮＩＳＡを使った投資戦略をより明確にしていきましょう。

「ライフプランシート」でお金の流れを可視化する

たとえば、いまご家庭に1000万円の金融資産があるとします。それを何のために使うべきか、把握する必要があります。これを年次別の数字で表したのが「ライフプランシート」（P86・87参照）です。

ここで挙げたのは、妻とひとりのお子さんがいる、Aさん（3人家族）のモデルケースです。さらに、8年間に渡り、各年の支出を伴うライフイベントを明記しました。この家庭の場合、2年ごとに旅行に出かけることが恒例のイベントで、その予算はそれぞれ20万円を計上しています。また、いま所有する自動車はそろそろ買い替え時で、3年後に新車にする予定です。その予算を250万円としました（ライフプランシート内①）。

お子さんは1年後には高校進学、4年後には大学進学が控えています。そのための教育費も計上しました。すると、向こう8年間で各年必要となる「将来の合計値」がハッキリしてきます。

つまりこの家庭にとっては、2013年は学費に30万円、翌年は旅行と進学費用で計70万円……というわけです（ライフプランシート内②）。

「いつ」「どのくらいの金額が必要なのか」ということを把握するのにも、ライフプランシートを作っておくことは大切なことです。これにより、どのくらいの規模のお金なら運用していいかも、おぼろげながらわかってくるはずです。

そして次に考えるのは、絶対になくしてはならない「守るお金」についてです。まず必要なのは日常生活資金で、これは「月の生活費×3～6か月分」が目安になります。たとえば、自己都合で会社を辞めた時に失業手当を受けるまでに約3か月かかります。しかも金額が少ないので、6か月程度は欲しいところ。年金生活している人なら3か月でもなんとかなります。本当にいざという時のお金です。ここではひと

	2016	2017	2018	2019	2020
	3	4	5	6	7
	48	49	50	51	52
	46	47	48	49	50
	旅行		旅行		旅行
	20①		20①		20①
	18	19	20	21	22
		大学進学			
	30	110	90	90	90
	50	110	110	90	110

家計の見直し相談センター（生活デザイン株式会社）

ライフプランシートを作ろう!

		2013	2014	2015	
西暦		2013	2014	2015	
経過年数		0	1	2	
夫 (Aさん)	年齢	45	46	47	
				車購入	
	予算(万円)			250①	
妻	年齢	43	44	45	
			旅行		
	予算(万円)		20①		
長男	年齢	15	16	17	
			高校進学		
	予算(万円)	30	50	30	
	将来値				
予算の合計(万円)		30②	70②	280	

月当たり30万円と仮定しましょう。すると、最大値をとって、

30万円×6か月＝180万円

は失ってはいけない、リスク商品に投じてはいけないお金ということになります。（P91－①）

さらなるステップは、「5年以内のライフイベントのために取り崩す貯蓄」の算出です。

これは支払える支出以外に、いまの預貯金から取り崩さないと支払えない支出がどれだけあるのかといった視点で割り出します。Aさんの家庭の場合は、それを300万円としました（P91－②）。そうすれば、

①日常生活費180万円＋②5年以内に取り崩す予定の貯蓄300万円
＝守るお金480万円（P91－A）

ということがわかりました。

これは、必要なお金なので預貯金やＭＭＦ、ＭＲＦなど元本割しにくいの金融商品で運用すべきです。ネット銀行の定期預金も都銀などに比べると利子は高いので、そういった金融商品を選ぶのも選択肢のひとつです。

投資に回せる資金を算出してみよう

そうすると、Ａさんの家庭では現在の金融資産１０００万円から守るお金である４８０万円を引いた金額＝５２０万円が残ります（Ｐ91－Ｂ）。これが「家計からみた殖やすお金」。すなわち、当座の余剰資金ということです。

では、この５２０万円すべてをＮＩＳＡをはじめとする投資に使っていいかというと、それは間違いです。というのは、家計からみるとリスクをとってもいい計算ですが、今後、サブプライム・ショックやリーマン・ショックといった、ネガティブサプライズが起きないとは断言できないからです。歴史から見るとNISAが終了する2027年までに10年に1回、多ければ2回は起こる可能性がありそうです。

そこで考えていただきたいのが、「経済ショックがやってきて運用資産の価値が下落したとき、どの程度の損失なら許容できるか」を、金額ベースで明確にすることです。ここで**「1円でも損したくない」と思ったなら、残った520万円はリスク商品で運用してはいけません**。よって、NISAの利用は控えるべきです。

ところが「50万円の損失なら許容できる」と考えたなら（P93-③）、通常であればその3倍の金額を算出します。この場合は、

50万円×3倍＝150万円（C）

です。投資額を損失額の3倍までにすれば33％までの損失まで心が耐えることができる計算です。過去の経済ショックの大半はこの範囲の損失で収まっています。この金額が失っても許せるお金、つまり「心からみた殖やすお金」とするのです（P93-

守るお金と殖やすお金はどうやって決める?

- 守るお金の計算方法

日常生活資金

月の生活費 ×3〜6 か月分

= ① 180 万円

5 年以内しか運用できない資金

5 年以内に取り崩す予定の貯蓄

= ② 300 万円

守るお金 = (A) 480 万円
(①+②)

- 殖やすお金の計算方法

家計からみた 殖やすお金 = 現在の貯蓄額 1000 万円 − **守るお金** (A)

= (B) 520 万円

家計の見直し相談センター(生活デザイン株式会社)

C）。

大きな損失が発生すると、相場の底であわてて損切りをしやすくなります。実際にはジッと我慢して相場の回復を待てないと長期投資はできません。

「心から見た殖やすお金」とはそんな時でもあわてなくてもすむ金額を意味します。

リーマン・ショックでは金融資産が半分近くまで下落したケースが続出しました。あの大規模な経済ショックまで想定するなら、損失を許容できる金額の2倍までの運用を心掛けましょう。すると、家計からみた殖やす金額よりも、「心からみた殖やす金額」のほうが小さくなりました。実際の運用はこの小さいほうの150万円までにすれば、家計も心も運用によって壊れることはないはずです。そして、

家計からみた殖やせるお金520万円－150万円＝370万円（D）

これが「家計からみると運用できるお金だけど、リスクは取りたくないお金」ということになります（P93－D）。中途半端なお金ですね。

守るお金と殖やすお金はどうやって決める？

Q　経済ショックがやってきて、あなたの運用資産の価値が大きく下落しました。どの程度の損失なら耐えることができますか？

③ 50 万円までなら大丈夫！

心からみた殖やすお金 ＝ ③×3倍

＝ (C) 150 万円

殖やすお金 ＝ (B)と(C)のどちらか小さい金額
Aさんの場合、(C)の
(C) 150 万円

家計からみると運用できるが、リスクを取りたくないお金 ＝ 家計からみた殖やすお金(B)
－心からみた殖やすお金(C)
Aさんの場合は 520万円(B)－150万円(C)

＝ (D) 370 万円

家計の見直し相談センター（生活デザイン株式会社）

じつは、日本で一番大きいのはこの部分。たとえば高齢の方はたくさんのお金を持っています。ですが、仮に失っても年金で生活できるとしても、お金をリスクにさらそうとしません。結局のところ、預貯金など手堅く運用されているはずです。

残りの370万円は結局のところリスクを取りたくないお金なのですから、これを投資にまわす必要はありません。元本保証の金融商品で運用することをお勧めします。

長期で殖やすか、短期で殖やすか

最終的にAさんの家庭では、150万円が投資に使えるとわかりました。ですが、これで終わりというわけではなりません。それは、投資にまわすとしても「長期成長資金」として投じるか、もしくは「積極的運用資金」に使うかというように、投資先を考えたほうが、より安全に資産形成ができるのです。

ここでいう長期成長資金というのは、時間をかけてじっくりと資産形成することを指し、それにはNISAは適しています。年間100万円という投資上限があり、5年間という非課税期間が設けられたNISAでは、**長期的な視点に立って投資をしたほうが、安定的に利益を得られつつ、節税効果が得られる**からです。

Aさんが投資の初心者であれば、150万円すべてNISAを使って運用したほうがいいでしょう。投資先も、運用側で分散投資を行い、安定的にリターンを期待できる投資信託やETFが向いているといえます。

対して積極的運用資金とは、課税口座を使った上場株式の短期〜中長期トレーディングやFX（外国為替証拠金取引）などアクティブな資産運用を指し、チャンスが訪れれば株の売買を繰り返し、とにかく売買益を狙います。うまくいけば高いパフォーマンスが期待できますし、半面、長期成長資金よりお金はリスクにさらされることになり、全額失うことも考えられます。

ですから、投資の経験者でスピーディにお金を殖やしたいなら、こちらに資金を投じてもかまいませんし、１００万円はＮＩＳＡに使い、残り50万円をアクティブ運用するといった形を取ってもいいでしょう。配分は自由です（P97－③④）。

ただし、積極的運用をして長期的利益を得ている人はほんのひと握りです。ライフプランを考えれば、積極的に運用はしない、しても楽しむ程度に留めるべきでしょう。たとえば、ＮＩＳＡで得た利益の一部を積極的運用資金にまわしていくなど、そういったマネープランであれば悪くないでしょう。いずれにしろ、ここまでのセオリーを守れば、なくしてはいけない、リスクにさらしたくないお金を株式投資や投資信託に使うといった事態は避けられます。このあたりは、大きくふたつの使いかたがあると理解したうえで、臨機応変に対応していけばいいと思います。

投資を始める導入としてＮＩＳＡを活用してみる

次に考えたいのは、ことＮＩＳＡを利用した場合の、基本的な投資戦略についてで

殖やすお金の投資先、配分は自由に決めていい

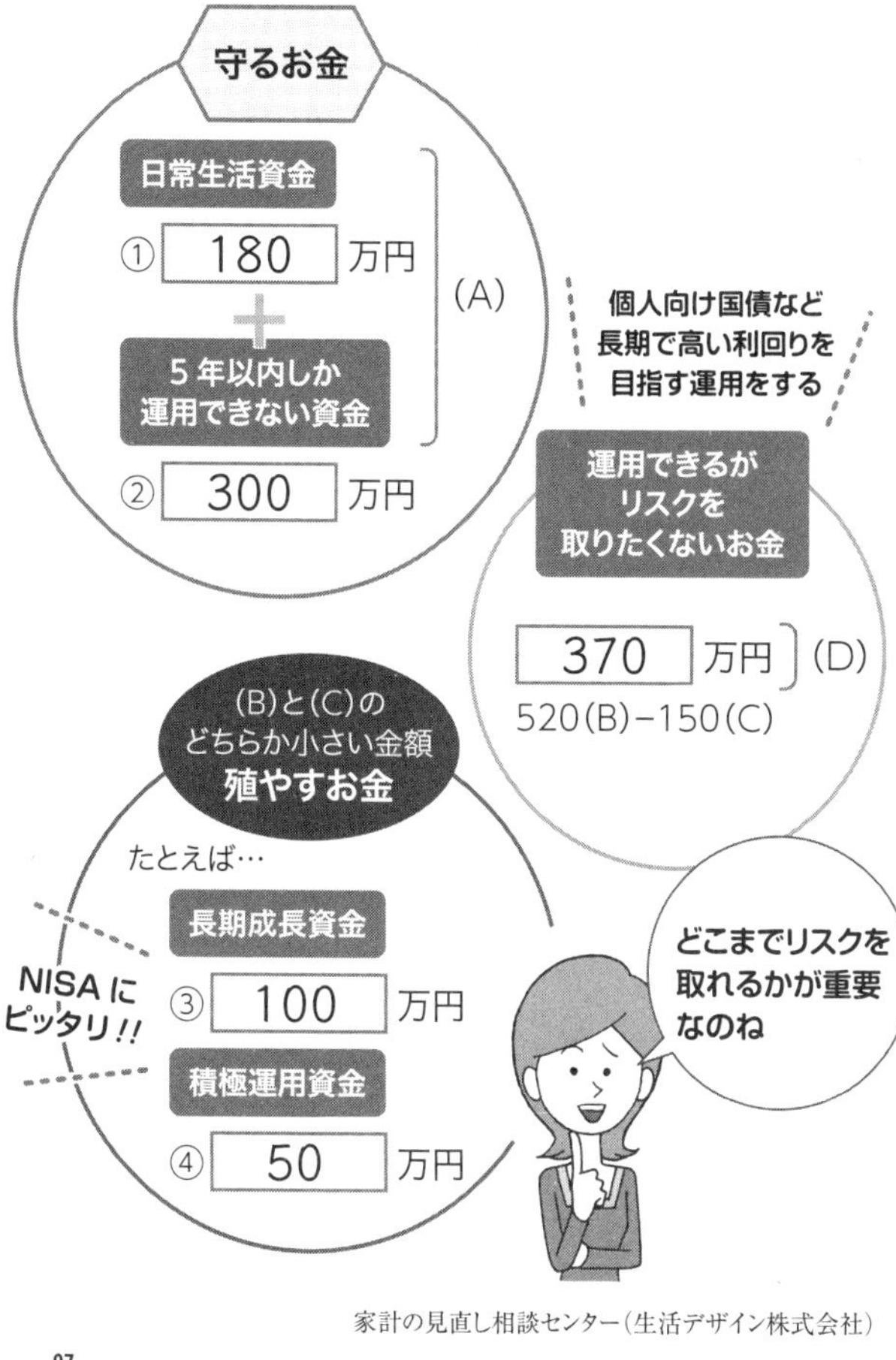

家計の見直し相談センター(生活デザイン株式会社)

す。どういったスタンスで商品を選び、資産形成していけばいいのか簡単に解説しましょう。

これまで投資をしたことがない、あるいは仕事などで忙しくて投資に時間がかけられないという人は、ＮＩＳＡ口座を使い手軽に投資を始めてみればいいのではないでしょうか。

ＮＩＳＡには年間１００万円の非課税投資枠はあるものの、すべてを使いきる必要はありません。少額でトレーニングを兼ねてもかまわないのです。その場合は、次のようなスタンスが想定できるでしょう。

1. 安定的な値動きを形成する大型株を長期保有する
2. 配当、優待銘柄を長期保有する
3. 投資信託やETFを長期保有する
4. 自動積立を利用して上場株式や投資信託を継続的に買い付ける

ここで挙げた4つの投資スタンスは、いずれもローリスク・ローリターンにのっとった手法です。

たとえば1ですが、東証1部の大型株の場合、発行株数が多く流通量も豊富なことから、発行株数が少ない新興銘柄などに比べて、値動きは比較的安定しています。

代表的な銘柄を挙げるとすれば、輸出関連ならトヨタなど自動車関連銘柄、都市銀行や証券会社といった金融関連銘柄、建設銘柄や不動産銘柄、製造業、インフラ関係など、それはキリがありません。いうなれば、日本を代表する企業の株式であれば、ほとんどが東証1部上場銘柄で、大型株に分類されます。

こういった銘柄から、**業績が安定していて、今後も堅調な伸びが期待できる銘柄を選び、長期的なキャピタルゲイン（株式の値上がり益）を狙う**のです。ただし銘柄を選ぶ際は、きちんと財務内容などに目を通して、今後の見通しを予測することも求められます。慣れるまでは大変かもしれませんが、それほどハードルが高いというわけではありません。ぜひトライしてみましょう。

ＮＩＳＡ口座でも株主優待は受けられる

2のように、配当金や株主優待を狙い長期間持ち続けることも、初心者にお勧めの手法です。

上場株式のなかには年に1～2回、株主に利益を還元する目的で配当金を出す銘柄があります。同じく株主に対するお礼として、自社商品やサービスを提供する、株主優待という制度もあります。

投資信託についても、毎月、あるいは年に1～2回、分配金を出す商品があります。「定期的に投資による利益を受け取りたい」という人にとっては、こういった金融商品をＮＩＳＡで投資するということも考えられます。

本来、頻繁に分配金を出す投資信託は運用パフォーマンスが低下するので、長期的に資産形成を目指す人には不向きです。しかし、高齢者の方で「年金以外にもキャッシュが欲しい」という人もいるでしょうから、追加としての収入にこういった金融商品を利用するのです。

たとえば株式で配当・株主優待を受け取りたいとすれば、NISAを使った取引イメージは次のようになります。

●株価200円の銘柄を4000株購入。
配当・株主優待は年2回（1株配当2円）

この場合、購入価格は、

200円×4000株＝80万円

よって、NISAの年間100万円の非課税枠に収まり問題ありません。保有後は、8000円の配当金が年2回、株主優待も年2回受け取れます。

投資信託には株主優待のようなサービスはありませんが、基本的な考えかたは同じです。ただし注意しないといけないのは、**企業の業績次第では配当金が下がったり、なくなってしまうケースもある**ということ。ですから、業績が安定している銘柄を選ぶ必要があるでしょう。

ただし、定期的にインカムゲイン（配当金）は得られるものの、金額が少ないとすると、配当金狙いの長期保有は、ＮＩＳＡの節税効果を十分に活かしきれているとはいえません。

とはいえ一方で、５年間におよぶ保有で、株価や基準価額が上昇して、値上がり益＋配当金・分配金、株式なら優待という、３つのメリットを丸々受け取れば効果は十分でしょう。

初めての投資で何を買ったらいいかわからない場合

３の投資信託やＥＴＦは、とりわけ投資の初心者向きの金融商品です。というのも、どちらも1万円程度の少額から購入することができ、かつ運用側で分散投資をしてくれるからです。

投資信託の場合、日経平均株価やＴＯＰＩＸ（東証株価指数）というように、市場全体の動きに連動した成果を目指すインデックスファンドであれば、低コストで手軽に分散投資できるのが特徴。ＮＹダウや新興株式などさまざまな指標に連動する商品がありますが、**テレビなどで情報が得やすく、感覚的にも値動きが捉えやすい国内の株価指数連動型のほうが、安心して運用できる**のではないでしょうか。

あるいは、日本の国債や地方債、社債などを組み入れた日本債券型の投資信託も一般的にはリスクが低いとされています。こうした債券に投資する投資信託でも「株式投資信託」に分類されていればＮＩＳＡで利用できます。

手軽でローリスク！ 積み立て方式が人気

「投資に使えるお金が限られている」、「長期的な資産形成を目指したい」場合は、4

のような単元未満株や投資信託の自動積立を利用した手段が効果的です。

そもそも自動積立とは、**月に1000円、もしくは1万円というように、定額を使い株や投資信託を指定日に買い付けるサービス**のこと。安ければ毎月500円から始められるので家計への負担は軽く、一度セットしてしまえば指定した口座から自動的に引き落として購入してくれるサービスもあるので、手間もかかりません。年間100万円なら、最大で月に約8万3000円が積み立てられます。

カブドットコム証券は「ワンコイン積立®」という名称で行っていて、毎月500円以上1円単位で投資額を決め、約3200銘柄の株式、385の投資信託を買い付けることができます。積立代金は銀行預金口座や証券口座から自動引き落としされるので、買い忘れるといったこともありません。

楽天証券やSBI証券でも投資信託を対象に自動積立サービスは実施していますし、同様のサービスは他の証券会社にもあります（各社で対応は異なります）。

自動積立のメリットは、同じ商品を買うのでも、「時間」と「購入価格」を分散さ

せることで平均購入単価を引き下げられる「ドルコスト平均法」が行えることです。

ドルコスト平均法とは、「毎月一定の金額を使い、株や投資信託等の金融商品を購入する」という投資手法のことで、価格の安いときは多くの株（口数）が買え、反対に価格が高いときは少ししか買えません。そのため、価格変動の大きな商品ほど、平均購入単価も下げられるという投資効果が実現するケースがあるのです。

たとえば、基準価額が次のように変動した商品を毎月購入したと仮定します。

1か月目：1万円
2か月目：1万3000円
3か月目：1万4000円
4か月目：1万2000円
5か月目：6000円

6か月目：5000円

6万円の資金があるとして、毎月1万円を積立投資した場合を考えてみましょう。その場合、月々に買付できる口数は次のようになります。（　）内は実際に使った金額です。

●一定の金額ずつ購入した場合＝ドルコスト平均法

1か月目：1口（1万円）
2か月目：0・76口（1万円）
3か月目：0・71口（1万円）
4か月目：0・83口（1万円）
5か月目：1・67口（1万円）
6か月目：2口（1万円）

結果、6か月の平均をみてみると、

投資総額：6万円
総買付口数：6・3口
平均買付単価：9523円

になります。

一方、毎月一定金額を買付ける「ドルコスト平均法」に対し、毎月一定の口数を購入した場合はどうなるでしょう。同じ価格変動をする投資信託を6か月間、毎月1口ずつ買った場合の投資効果は次のようになります。

● 一定の口数ずつ購入した場合

1か月目：1口（1万円）

2か月目：1口（1万3000円）
3か月目：1口（1万4000円）
4か月目：1口（1万2000円）
5か月目：1口（6000円）
6か月目：1口（5000円）

●毎月1口ずつを買い付けた場合（定数を購入）
投資総額：6万円
総買付口数：6口（毎月1口×6か月間）
平均買付単価：1万円

同じ6万円という資金を使ったにもかかわらず、毎月一定金額を買い付けるドルコスト平均法のほうが、わずかとはいえ多くの口数が買え、さらに平均買付単価も下げることができました。よって、その後に基準価額が上昇に転じれば、その分だけ含み益が発生するタイミングが早くなり、持っている口数が多い分、評価額もグッと増えていくでしょう。ここからわかるのは、価格が変動する金融商品において長期投資をする場合は、毎月定額で買うドルコスト平均法を利用したほうが、長期的にはメリットが高いということです。

このように、時間と価格を分散させることで、投資のリスクを抑えつつ、損をしにくくできるのが、ドルコスト平均法で、これをサービス化したのが、株式や投資信託の自動積立のサービスです。つまり、**価格が変化する金融商品にコツコツ投資するなら自動積立サービスを利用して投資をしたほうが、長い目で見るとメリットは得られる**ということ。

サービスの有無は金融各社で異なりますが、少額で始めたい、ローリスクで資産形成をしたいと考えるなら、対応する金融機関にＮＩＳＡ口座を開くことをお勧めします（対応については各社のウェブサイト等で確認してください）。

単元未満株もローリスク投資の有効な手法

少額で株式を購入できるという点では、一部の証券会社が提供する「単元未満株」投資も便利なサービスです。取引できる銘柄は限定されますが、カブドットコム証券の「プチ株」、SBI証券では「単元未満株（S株）」、SMBC日興証券には「キンカブ」というサービスがあり、プチ株と単元未満株（S株）では1株からの売買が可能で、キンカブでは1万円以上1000円単位で金額指定をして、売買単位を気にせず株式などが購入できます（ドルコストを使えるという点では「キンカブ」のほうがベター）。

いずれもNISAに対応する見通しで、一部の上場株式に限らず国内ETFやREITも取引できる予定です。こういったサービスを使えば少額からの株式投資も可能ですから、初心者に向いているのではないでしょうか。

ただし株式の積み立てについては、保有株数が単元未満の場合、数量に応じて配当

毎月定額で購入する場合と定数購入する場合で、どれだけ差がつく？

● 価格が６か月で下のように変化したと仮定

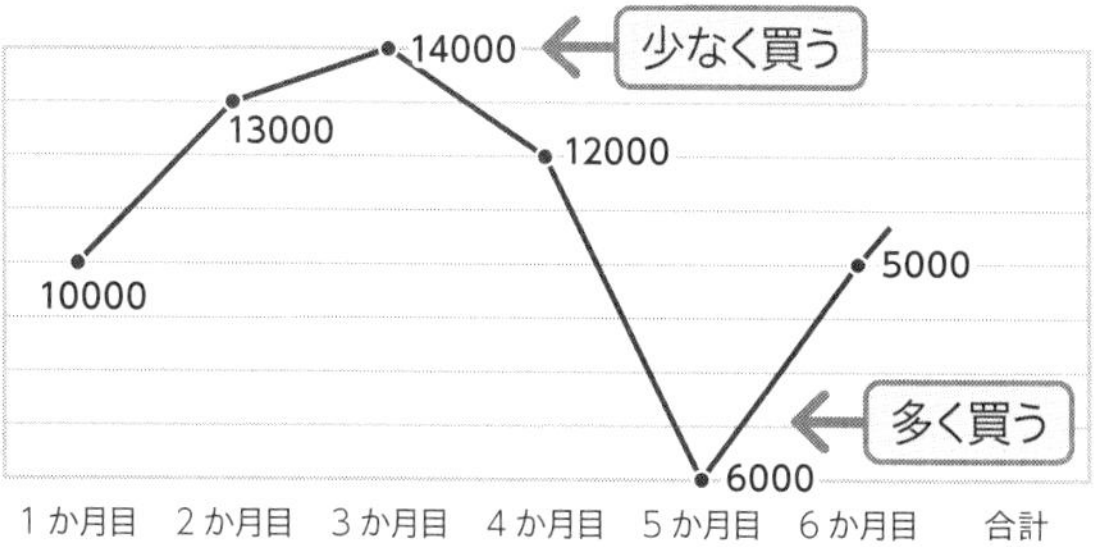

● 一定の金額ずつ購入した場合＝ドルコスト平均法

						合計
1口	0.76口	0.71口	0.83口	1.67口	2口	6.3口
10000円	10000円	10000円	10000円	10000円	10000円	60000円

→ 平均買付単価：
9523円

● 一定の口数ずつ購入した場合

						合計
10000円	13000円	14000円	12000円	6000円	5000円	60000円
1口	1口	1口	1口	1口	1口	6口

→ 平均買付単価：
10000円

は受け取れるものの、株主優待や議決権の権利は取得できないなど制限が設けられることもあるようです。また、すべての金融機関がこういったサービスを提供しているわけではなく、利用したいなら対応している金融機関にＮＩＳＡ口座を開かないといけません。詳細は各金融機関のウェブサイト等で紹介されていますから、こういった点に注意して、積み立てのサービスを利用してください。

投資信託を取引するならここに注意！

ＮＩＳＡが始まったことがきっかけで、投資信託を始めてみたいと考える人が増えています。金融機関によっては豊富な商品ラインナップがあり、１万円程度から始められるのは魅力的です。自動積立サービスを提供する金融機関も増えているので、利便性のうえでも問題がありません。

ただし気をつけたいのは、**投資信託にまつわるコスト**です。

これはＮＩＳＡ口座に限ったことではありませんが、一般的には購入時に販売手数料、売却時には信託財産留保額や解約手数料、保有中には信託報酬が必要となり、これらコスト負担はバカになりません。

さらに販売・解約手数料などの水準は各社で異なり、同じ商品なのに違いが生じることがあるようです。最近は、これら手数料が不要なノーロード（販売手数料無料）ファンドも増えていますから、取扱本数が多い金融機関を選ぶというのも、ひとつの考えかもしれません。

毎月分配の投資信託がお勧めできない理由

投資信託には、決算時の利益を還元する分配金がリターンとして得られると解説しましたが、その回数は年1回や年2回であったり、なかには毎月支払われる商品もあります。

「毎月お金が入ってくるなんて！」と心躍るのはわかりますが、じつはこのタイプの投資信託はあまりお勧めできません。高齢者が年金代わりに使いたい場合など、毎月キャッシュが必要でない限りは、選ばなくていいでしょう。

そもそも投資信託の分配金には2種類あり、それが「普通分配金」と「元本払戻金（特別分配金）」です。

普通分配金は決算時の運用益の一部を投資家に還元するものであり、元本払戻金（特別分配金）は投資元本の一部を切り崩して支払われるもの。普通分配金は課税対象なので、ＮＩＳＡを通じて得た場合は非課税になりますが、元本払戻金（特別分配金）は投資家自身のお金を返してもらっていることと同じなので、ＮＩＳＡとは関係なく税制上、課税されることはありません。

なぜ毎月分配の投資信託をさけたほうがいいかですが、それは**運用側が投資家に分配金を支払うことで運用額が減ってしまい、安定した運用ができなくなる**からです。また、ＮＩＳＡ口座内で払い出した普通分配金は解約扱いになるので、非課税枠を消費することにもなります。それよりは、運用益をできるだけ分配せず運用し続ける投資信託のほうが成長性は高く、基準価額の伸びも期待できるというものです。

分配金の再投資は新規購入分としてみなされる

また、証券会社によってはNISA口座内で購入した投資信託の分配金を再投資するよう選ぶことも可能です。ただしこの場合は、分配金の再投資はNISA口座内での新たな買い付けとなりますから、非課税枠を消費することになります。

仮に90万円分の投資信託を購入して、毎月2万円分の分配金を再投資するとします。すると、この2万円は非課税枠を使った新たな買い付けとみなされますから、あっという間に投資上限に達してしまうのです。他の金融商品を買いたかったのに、再投資のお陰でできなくなってしまったということもありそうです。

なお、投資上限の100万円を使いきってしまった後は、原則的に分配金は課税口座へ入金されます（対応は金融機関によって異なるので、それぞれご確認ください）。

上場株式やETFの配当金は「株式数比例分配方式」を選ぶこと

株式やETF、REITにもキャピタルゲインとは別に、配当金が受け取れるケースがあります。その際に注意していただきたいのは、「株式数比例分配方式」にしておかないと、配当金に課税されてしまうということです。

一般的にこれら金融商品の配当の受け取り方法は、

- **株式数比例分配方式**＝取引する証券会社の口座で配当金を受け取る
- **個別銘柄指定方式**＝保有銘柄の配当金を銘柄ごとに指定した銀行口座で受け取る
- **登録配当金受領口座方式**＝保有銘柄の配当金すべてを指定したひとつの銀行口座で受け取る

これらから選択することになりますが、NISA口座内で配当金を非課税扱いにするには、株式数比例分配方式にしなければなりません。他の受け取り方法を選んでいる場合は、権利確定日までに変更しておきましょう。

投資経験者はNISAをどう使う?

では、これまでに株式や投資信託など、投資を経験してきた人にとって、NISAはどのように活用できるでしょうか。この場合は次のようなスタンスが想定できます。

1. 課税口座と並行してNISA口座を利用する
2. 非課税期間を活かして、大きな利幅を狙う
3. 分散投資のなかのひとつとして利用する

すでに課税口座を使い投資を行っているとすれば、1のように並行してNISA口座を利用するのがよいでしょう。第1章でも述べましたが、課税口座で保有している金融商品はＮＩＳＡ口座に移管できませんから、課税口座ではそれまでと変わらないスタンスで取引を行いつつ、ＮＩＳＡ口座では新たに商品を買い付け、非課税の恩恵を受けようという戦略です。

そこで考えられるのが、**１００万円以内で購入できる低位・割安株をひとつでも複数でも購入しておいて、大きな利幅を狙う**という手段です。経験者であれば銘柄分析のスキルもそれなりに身につけているでしょうから、こういったやりかたも悪くないでしょう。

これは投資信託やＥＴＦについても同じことで、新興国や先進国の株式に投資するものなど、インデックスファンドに比べて高いパフォーマンスを狙う商品にトライしてみるのもいいかもしれません。ただし、ハイリターン＝ハイリスクなので、価格下落に対する適切なケアは怠らないようにすることが肝心です。

また、投資の経験者であればすでに国内株と外国株、先進国の株式に投資する、新興国の株式に投資する投資信託というように、複数の投資商品を保有するポートフォリオ戦略で臨んでいることも考えられます。そこで、もし足りない投資先があるようでしたら、ＮＩＳＡ口座で補えばいいのです。

課税口座では短期売買を行い、ＮＩＳＡ口座では中長期投資をするといった使いわけをしてもいいでしょう。

銘柄や商品選びのポイントについて

ＮＩＳＡの活用法について解説してきましたが、ポイントとなるのは、資金や目的に応じて選ぶ金融商品が異なってくるということです。

例えば株式投資の場合は、次のようになります。

●安定的に運用して配当金や株主優待を受け取りたい
⇒配当率の高い銘柄を選ぶ・値動きが安定した銘柄を選ぶ

安定的に運用したいなら、なるべく景気に左右されない銘柄を選ぶのが第一です。該当するのは、鉄道やガスといったインフラ関連、衣料品、食料関連といった銘柄。これらは一般的に「ディフェンシブ銘柄」と呼ばれます。こういった業種は不景気で利用することが減ったとしても、日常生活に不可欠ですから、不景気に対する耐性は高いと思われます。

●大きな値上がりを狙いたい
⇓今後の成長が期待できる新興銘柄など

一方、キャピタルゲイン（株式の売買益）を優先するなら、これから事業が拡大して業績が急上昇しそうな新興銘柄を選ぶことになるでしょう。最近であれば、スマホ用ゲームアプリ「パズル&ドラゴンズ」が大ヒットした、「ガンホー・オンライン・エンターテイメント」は、一時株価は100倍以上に跳ね上がり、それで利益を得た投資家は「ガンホー長者」と呼ばれたほどです。新興銘柄には、こういった醍醐味もあるということです。

なお、どんなスタンスで銘柄を選ぶにしても、3000以上ある上場株銘柄のなかから有望なものを見つけ出すのは大変だと思うかもしれません。ですが最近は、**条件を指定して銘柄を抽出する「スクリーニング機能」を提供する株式情報サイトや証券会社が多数あるので**、そういったツールを活用すれば選択がラクになるはずです。投資資金や配当利回りなど、希望する条件にマッチした銘柄が手軽に探せます。

いずれにせよ、NISAを組み合わせることで、幅広い投資環境は作り出せるということです。

第4章

うっかり見逃しに要注意！金融機関の選び方

―賢く殖やす一歩は、しっかり吟味することから―

専用の口座はどこで開けばいい？

さて、実際にＮＩＳＡを始めたいと思ったら、ＮＩＳＡの専用口座が必要です。ＮＩＳＡ口座は各金融機関で開設できますが、これは具体的に、**都市銀行、地方銀行、ゆうちょ銀行、信用金庫、証券会社**（店頭・ネット）を指します。

しかしながら、すべての金融機関で開設できるかといえばそうではなく、ＮＩＳＡ口座に対応している金融機関のみです。住まいの近くにある銀行にＮＩＳＡ口座を開きたいと思っていても、その銀行がＮＩＳＡ自体を扱っていないケースもあります。

その場合は、別の銀行を選ぶか、インターネットにつながったパソコンなどがあれば、ウェブ上で取引ができるネット証券に口座を持つことになります。

なお、証券会社には店頭証券会社とネット証券会社があります。ひとつの会社が店頭とネットで展開していることもあれば、近年であればネット専業の証券会社もめずらしくありません。

両者の違いですが、代表的なのは**手数料水準やサポート体制**が挙げられます。従来からあった店頭証券の場合、店頭に赴けばスタッフから手厚いサポートが受けられ、電話による対応なども丁寧に行われるのが通常です。ただし、**人件費がかかる分、株式や投資信託の売買手数料は高くなりがち**です。

一方、ネット証券は人件費を極力減らすなどコスト削減を行っていますから、手数料は安く設定できます。ただし、店頭証券のようなサポートは期待できません。これについては個人の考えや、金融商品に対するリテラシーで変わってきますが、投資について詳しくないなら店頭証券、ある程度理解しているならネット証券というように、選び分けをすることをお勧めします。もちろん、コストを考えるならネット証券にするという選択肢もあります。

少なくともこれだけは…。チェックしておきたい4つのポイント

では具体的に、金融機関選びはどういった点に注意して選べばいいのでしょうか。これまでもいくつか述べてきましたが、そのポイントをしっかりと押さえておきましょう。

●金融機関選びのポイント

1. 取引したい金融商品を取り扱っているか
2. 品揃えは十分か
3. 手数料水準は割安か
4. その他のサービスは充実しているか

NISAで非課税対象になる金融商品はいくつもあり、代表的なものは以下になり

ます。

- 上場株式
- 外国上場株式
- 公募株式投資信託
- 外国籍株式投資信託
- ＥＴＦ（上場投資信託）
- 海外ＥＴＦ
- 上場ＲＥＩＴ（不動産投資信託）

気をつけないといけないのは、これらのうちどの金融商品を扱っているかは、金融機関ごとで異なるということです。

すでにわかっていることは、国内外を含め株式を扱うのは証券会社のみで、銀行では取引できません。ですから少なくとも、**ＮＩＳＡで株式投資をしたいなら、銀行に**

口座を開いてはいけないということです。

投資信託についても、国内の公募株式投資信託は証券会社、銀行ともに扱いますが、外国籍株式投資信託は金融機関によって取り扱っているところと、いないところがあります。

国内・海外ＥＴＦ、ＲＥＩＴについても銀行で対応する予定はなく、証券会社によってもまちまちです。そう考えると、投資信託に絞って取引したい人を除けば、ＮＩＳＡ口座は証券会社で開くという選択肢になるでしょう。

しかしながら証券会社でも取り扱う金融商品、本数などは異なります。投資信託を扱っているからといって口座を開いたのに欲しい商品がなかった……ということもありえるのです。

こういった事態を避けるためにも、事前のチェックは怠らないようにすることです。

取扱商品や手数料などには各社差がある

あくまで現時点の情報ですが、**同じ証券会社でも商品ラインアップには開きがある**ようです。

また、金融商品を購入する際の手数料体系も金融機関ごとで異なり、同じ銘柄を同じ数量買い付けたにもかかわらず、あるところでは手数料が０円だったのに、他社では５００円かかったというケースが起きる可能性があります。

投資信託についても同じことがいえ、同じ商品を購入したのに販売手数料が３％の金融機関もあれば、無料のところもあります。できるだけ手数料が割安な金融機関を選ぶことも、ポイントといえるでしょう。

なお、**ＮＩＳＡ口座での取引に限り手数料を優遇する金融機関も出始めているよう**です。

フィデリティ証券ではNISA口座内の投資信託については、無期限で販売手数料を無料にすると発表していて、松井証券でもNISA口座に限り、上場株式、ETF、REITの買い付け・売却ともに期間や金額の制限がなく手数料は恒久無料です。

SBI証券と楽天証券の場合は2014年度中だけですが、NISA口座内の国内株式の売買手数料、海外ETFの買い付け手数料は無料です。このように期間限定で手数料無料キャンペーンを実施する金融機関も多く見られます。

自分が必要とするサービスがあるかどうかも、金融機関選びの大切なポイントです。単元未満株を取引したいなら、SBI証券の「単元未満株（S株）」やカブドットコム証券の「プチ株」、SMBC日興証券の「キンカブ」などが有力です。投資信託の自動積立をしたいなら、楽天証券の「投信積立」、取扱商品は投資信託2本のみですが、セゾン投信でも「定期積立プラン」などが候補にあげられます。このようなサービスを提供しているかどうかについても、忘れずチェックしましょう。

おもな取扱商品は金融機関によって違う

取扱商品	銀行、ゆうちょ銀行、信用金庫	証券会社・ネット証券
上場株式	×	○
外国上場株式	×	○
公募株式投資信託	○	会社によって異なる
外国籍株式投資信託	会社によって異なる	会社によって異なる
ETF（上場投資信託）	×	○
海外ETF	×	会社によって異なる
上場REIT（上場不動産投資信託）	×	○

会社によって違うので、気になったことは確認しておきましょう
証券会社のほうが選択の幅が広がりますね

ＮＩＳＡ口座開設のステップ

次に、ＮＩＳＡ口座を開設するまでの手順について、追っていきます。

まず、ＮＩＳＡ口座は、制度を利用する年の前年10月から開設の申し込みが行えます。すでに各金融機関で受け付けが始まっているように、２０１４年１月から利用したい人の場合は、２０１３年の10月から12月末日までに口座を開けばいいのです。仮に２０１５年１月から始めたいなら、２０１４年10月から12月末日までに口座を開くことになります。

なお、締め切りについては手続き上、各金融機関で期日が異なる場合もあるようなので、詳細は、ウェブサイト等で事前にご確認ください。これを踏まえたうえで、いよいよ口座開設への具体的なステップが始まります。

【ステップ①】ＮＩＳＡ口座を開きたい金融機関の比較・検討

最初にするべきことは、ＮＩＳＡに対応する金融機関について、取扱商品や手数料について、比較検討を行うことです。先ほども述べましたが、銀行では上場株式は取り扱いませんし、さらに手数料水準も各金融機関で異なります。同じ株や投資信託を購入するにもかかわらず、高いところがあったり、安いところがあるわけです。こういった点についても、ウェブサイト、もしくは資料を取り寄せて確認するようにしましょう。複数の金融機関へ資料請求する分にはまったく問題ありませんから、まずは自身の目でサービス内容について調べてみることです。

【ステップ②】金融機関に証券総合口座（銀行の場合は預金口座）を開く

取引したい金融機関が決まれば、ＮＩＳＡ口座を開く前に、証券会社であれば証券総合口座（銀行であれば普通預金口座）を開きます。

現時点では、各金融機関にＮＩＳＡ口座だけを開設することはできない金融機関がほとんどで、事前、もしくは同時に証券口座などを持つ必要があります。そのため、取引をしたことのない金融機関、とくに証券会社に証券総合口座を開く場合は、各社のサービス内容全体を比較検討する必要があります。

というのは、ある年の非課税枠が終了したとき、特定口座や一般口座に**時価で払い戻すことができますが、以降は課税口座のルールが適用される**からです。

そういった意味でも、売却する時の手数料、あるいは課税口座を使い新たに金融商品を購入するケースもありますから、やはり商品のラインアップや手数料について一考の余地はあるでしょう。

もしかすると、NISAでは使い勝手が良かったのに、課税口座だとそうでもない、ということもあるかもしれないので、金融機関を決める際は、NISAのことばかりに気を取られるのではなく、課税口座についても考慮する必要があります。

なかには、NISAと並行して、株の信用取引や先物、債券など、NISAの対象外の商品を取引したい方もいるかもしれません。その場合も、**金融機関をわけてしま**

うと資金の移動などに手間がかかりますから、同じところを使ったほうが効率的です。

そう考えると、より広い視野で金融機関は選んだほうがよさそうです。

【ステップ③】口座開設書類を金融機関から取り寄せ、記入する

ＮＩＳＡ口座を開きたい金融機関が決まれば、口座開設書類を取り寄せます。

なお、事前に資料請求をしている場合は、そこに開設申込書が同封されているケースがほとんどのようです。ネット証券であればウェブサイトから申し込めば取り寄せられますし、銀行や店頭証券なら、各店舗に用意されています。

【ステップ④】必要書類を用意のうえ、必要事項を記入して金融機関に送付

取り寄せた口座開設書類には、ＮＩＳＡ口座に関する約款も同封されています。しっかりと目を通しておきましょう。

さらに、各金融機関は投資家より必要書類を提出してもらい、ＮＩＳＡ口座が二重に開設されていないか税務署を通じて確認するようになっています。そこで提出しなければならないのが、次のふたつの書類です。

1. 非課税適用確認書交付申請書　兼　非課税口座開設届書（申請書）

2. 住民票の写し

1. の「非課税適用確認書交付申請書　兼　非課税口座開設届書」は、金融機関より取り寄せた口座開設申込書に同封されていますので、必要事項を記入します。

一方、2. の「住民票の写し」については、基本的に自分で用意しないといけません。これは、NISA口座の重複を避けるため、税務署で確認するために必要なのです。

さらに、**住民票の写しについては、ケースによって用意するものが異なります**ので注意しましょう。それは、次のようになります。

NISA口座開設は前年の10月から始まる

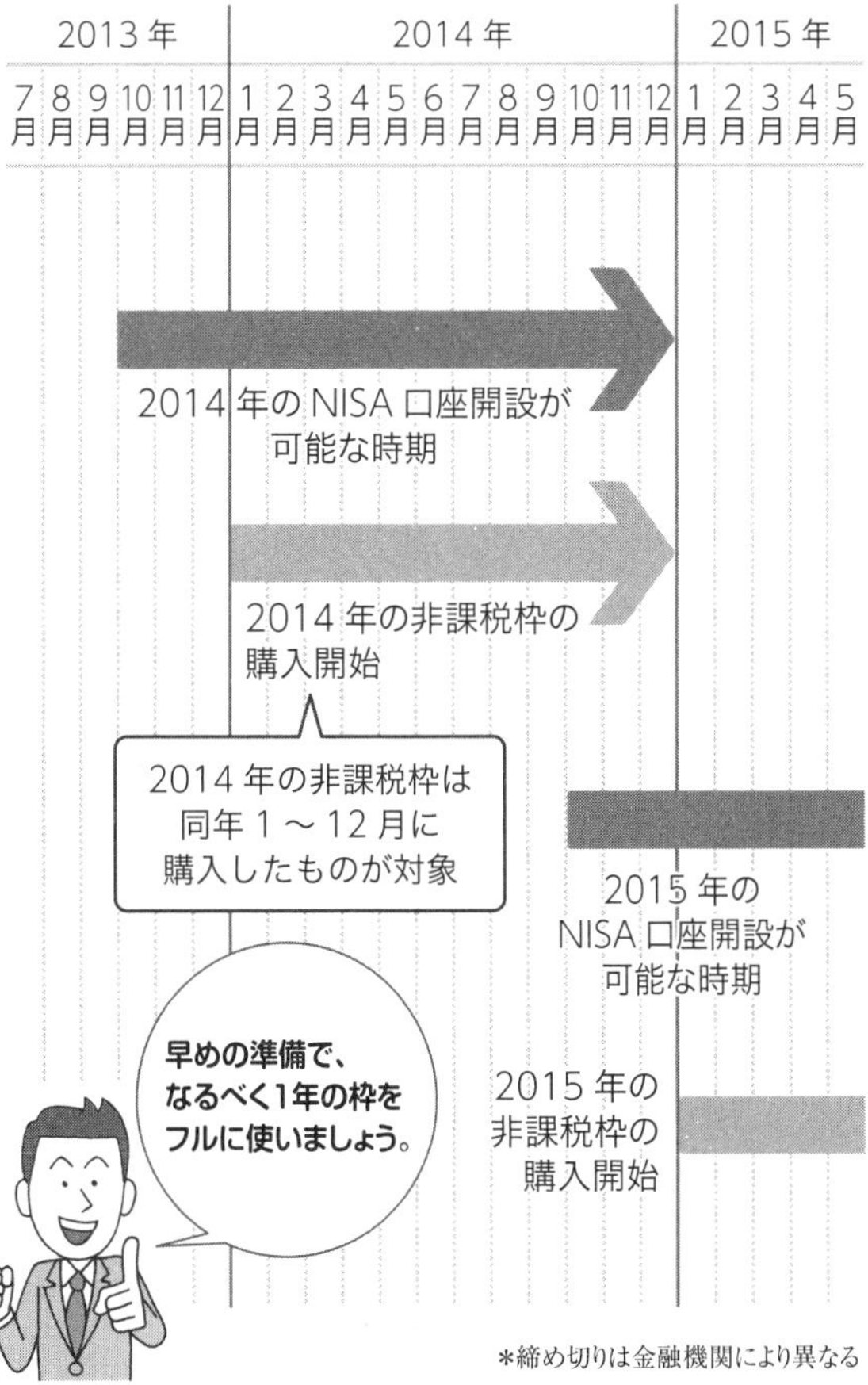

＊締め切りは金融機関により異なる

●2014年1月からNISA口座を利用したい場合

A：2013年1月2日以降から現在まで居住地と現住所が変わらない
⇓現在の住民票がある市区町村の住民票の写しを用意

B：2013年1月2日以降に同一市区町村内で転居した
⇓2013年1月1日時点の住所がわかる住民票の写しを用意

C：2013年1月2日以降に同一市区町村外に転居した
⇓2013年1月1日に住民登録をしていた市区町村の「住民票の除票の写し」と本人確認書類を用意

AとBの場合は大きな問題はなく、単純に住民票の写しを役所や出張所等でもらえば、それで大丈夫です。

手間がかかるのが、Cのケースです。

いままで住んでいた市区町村から外に引っ越した場合は転出届を提出することで、

住民登録は抹消されます。この**抹消された住民票を「住民票の除票」と呼ぶのですが、これを用意する必要があります。**引っ越し前の市区町村の役場に赴いて発行してもらうか、遠方の場合は郵送で送ってもらうこともできるようですので、問い合わせてみましょう。

ふたつの必要書類が揃ったら、金融機関へ送付します。なお、「非課税適用確認書交付申請書　兼　非課税口座開設届書」については、各金融機関で書式が異なるようです。記入例についてはそれぞれ示されているので、各様式に従って書き進めてください。

ＮＩＳＡ口座と同時に、証券会社の総合口座を開く場合は、総合口座の開設申込書も送られてきますから、これも指示に従い必要事項を記入します。

返送の際は、免許証のコピーなど名前・住所・生年月日が確認できる書類（運転免許証、健康保険証、パスポート等）が必要になるので、準備を忘れずに。同時に進めるとなると、種類がたくさんになるので、書き損じや記入漏れ、必要書類の不備に注意しましょう。

【ステップ⑤】金融機関へ資料が到着。税務署への確認

申請書と住民票の写しを金融機関へ返送すると、金融機関はこれを受け取り、所轄の税務署へNISA口座開設の申請を行います。税務署は住民票の写しなどをもとに、非課税口座の重複がないかどうかを確認するというわけです。

なかには「どうにかして複数のNISA口座を持てないか」と画策する人もいるかもしれませんが、こういったチェック体制が敷かれていますので、それはまず不可能です。

【ステップ⑥】税務署から「確認書」が交付。口座開設へ

税務署によるチェックに問題がなければ、税務署から金融機関へNISA口座開設の確認書が交付されます。

金融機関では確認書を確かめたうえで、NISA口座の開設を行い、それが済んだ

ら「ＮＩＳＡ口座開設完了」の知らせが投資家に届きます。これで口座は開かれ、あとは資金を入金すれば取引が始められます。

以上がＮＩＳＡ口座開設までの大まかな流れですが、ご理解いただけたでしょうか。なお、金融機関によっては手続きに時間がかかることも考えられます。時期によっては税務署に申請が殺到し、時間がかかることも。いずれにしろ、２０１４年１月から始めたいなら、余裕をもって申請しておくことをお勧めします。

取引方法は課税口座で行う場合と同じ

口座開設が完了し、資金を入金すれば、２０１４年１月からＮＩＳＡを通じた金融商品の購入は可能です。

基本的に上場株式であれば銘柄や購入株数、指値や逆指値であれば購入希望株価を指定して注文を出せばＯＫです。一部の金融機関では、ＮＩＳＡ専用で手数料率の低い投資信託を用意するといった話もありますが、その際の購入手順は課税口座と変わりません。

投資信託についても商品や、購入金額または購入口数を指定して買い付けます。売却方法についても、課税口座と変わりません。銘柄や商品を選び、数量などを指定して注文を出せばいいのです。これが約定すれば損益が確定されます。

その際に**利益が出た場合も、特にすることはなく、自動的に非課税になります。**損失が出た場合は先に申し上げた通り「ないもの」とみなされるので、同様に何か手続きを行うということはありません。

ＮＩＳＡ口座は開いてしまえば、売買以外に何か手続きをするということはないので、そういった手軽さもメリットといえそうです。

キャンペーンに踊らされないこと

より多くの口座を獲得するため、それぞれの金融機関は期間限定、あるいは無期限

引っ越しすると、申請に必要な書類が変わる

ポイントは申請したい年の前年 1 月 2 日以降に
どこに住んでいたか?

● 2014 年 1 月から NISA 口座を利用したい場合

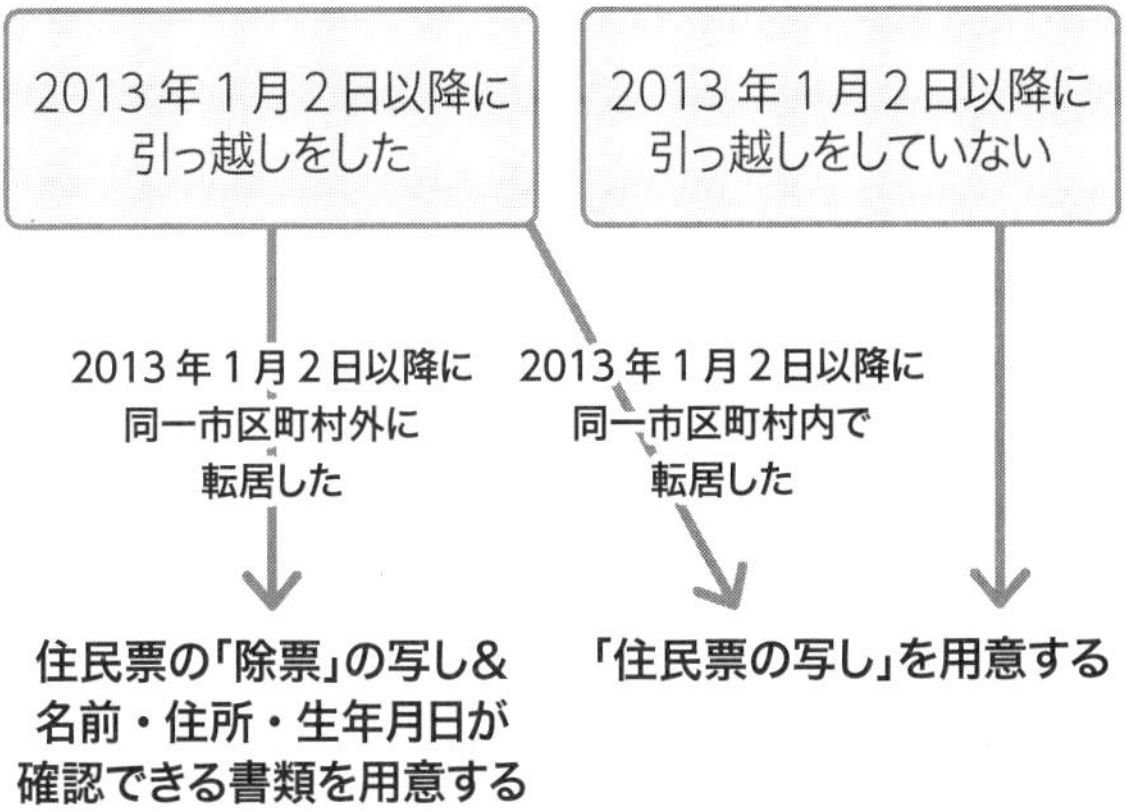
2013 年 1 月 2 日以降に
引っ越しをした
2013 年 1 月 2 日以降に
引っ越しをしていない
2013 年 1 月 2 日以降に
同一市区町村外に
転居した
2013 年 1 月 2 日以降に
同一市区町村内で
転居した
住民票の「除票」の写し&
名前・住所・生年月日が
確認できる書類を用意する
「住民票の写し」を用意する

除票の写しは、
郵送でも
手配してもらえます。

で手数料を0円にするなど、各種キャンペーンを実施しています。

なかには期間を区切り定期預金の金利を優遇したり、口座開設と所定の金額を入金すればキャッシュバックやポイントバック、豪華プレゼント、銀行であればATM手数料無料、住民票の取得代行を実施するケースもあります。どれも魅力的なキャンペーンに思えるかもしれませんが、これだけにつられるのは賢明とはいえません。期間限定のサービスであれば終了後は通常に戻りますし、あくまで一時的なものである可能性もあるからです。


金融機関選びで大事なのは、あくまで商品ラインアップや通常の手数料水準です。

こういった点を重視して、長く付き合えるところを選ぶと考えると、NISA対応の金融機関を決めることも、課税口座で取引する金融機関を決めることも、ポイントはあまり変わりません。

証券会社であれば、上場株式については手数料が1円でも安いところ、投資信託についても、ノーロード（販売手数料無料）の本数が多かったり、コストの安いところ

NISA口座開設までのステップをまとめると…

1. NISA口座を開きたい金融機関の比較・検討

↓

2. 金融機関に証券総合口座（銀行の場合は預金口座）を開く

↓

3. 口座開設書類を金融機関から取り寄せ、記入する

↓

4. 必要書類を用意のうえ、必要事項を記入して金融機関に送付

↓

5. 金融機関へ資料が到着。税務署への確認

↓

6. 税務署から「確認書」が交付。口座開設へ

を選ぶのが一般的です。ＮＩＳＡについても基準は同じで、１人１口座しか持つことができず、一度開いてしまうと当初の４年間は変更がきかないからこそ、慎重に選びたいものです。

第１期の口座開設の申し込みはすでに始まっていると述べましたが、あわてる必要はありません。時間をかけてじっくりとリサーチを行うことです。資料請求する分には何社からでもかまいませんから、いまからでも始めてみましょう。

コラム 2

「一般口座」と「特定口座」はどこが違う？

口座の種類によって納税手続きが違う

ＮＩＳＡのような非課税口座に対し、税金がかかる口座を課税口座といいます。課税口座には一般口座と特定口座の2種類（正確には3種類）あるのですが、それぞれどのような特徴があるかというと、

【一般口座】

投資で発生した1年分の利益や損失について投資家自身が計算して、確定申告・納税手続きを行う口座

【特定口座】

源泉徴収あり：

譲渡益や配当益など1年分の投資の利益について証券会社が源泉徴収することで、

投資家は確定申告する手間がかからない。同じ証券会社の同一口座内の損益なら、損益通算も自動的に行われる口座

源泉徴収なし…

証券会社が1年分の取引による損益を計算。「特定口座年間取引報告書」を送付してくれ、これを使い確定申告・納税手続きを行う口座

一般口座は年間の取引について計算や確定申告をしなければならないので手間がかかり、あまりお勧めとはいえません。証券会社が計算をしてくれる特定口座を利用したほうがラクといえるでしょう。

源泉徴収が「あり」と「なし」の使い分けについてですが、源泉徴収ありだと確定申告は不要ですから、それは大きなメリットです。同じ証券会社の同一口座内の損益なら損益通算も自動で行ってくれますから、その点も便利です。

また、確定申告をしないことで、他の所得との合算も行われませんから、投資で大きな利益があったとしても配偶者控除や扶養者控除から外れるといった心配もありません。ただし、複数の証券会社に口座を持っていて、あるところでは利益が出ていて、他方では損失がある場合は、確定申告で損益通算をする必要があります。とはいえ、するかどうかは投資家が選択できるので、トータルで所得が減るのを防げたり、節税効果が高くなるほうを選べばいいでしょう。

源泉徴収なしの場合、証券会社から年間取引報告書が届くので、これを使い確定申告を行います（1年間の利益が20万円以下の場合は必要ありません）。「なし」のメリットとしては、源泉徴収されないので、その分の資金を再投資に使えるということです。確定申告の必要はあるものの、投資効果を高めたいならこちらを選ぶのも手です。

このように、証券会社で持てる口座にはいくつか種類があるのですが、そのメリット・デメリットを理解したうえで選択することが大事です。そして、こういった手続きなどから解放され、非課税のメリットを享受できるのが、NISAなのです。

巻末付録

NISAで取引できる金融商品ファイル

ＮＩＳＡで取引できる金融商品とは？

ＮＩＳＡ口座で取引できる金融商品には、次のような種類があります。

①上場株式
②外国上場株式
③公募株式投資信託
④外国籍株式投資信託
⑤ＥＴＦ（上場投資信託）
⑥海外ＥＴＦ
⑦上場ＲＥＩＴ（不動産投資信託）

ここではそれぞれどういった商品で、どうすれば利益を得られるなど、概要について紹介したいと思います。特徴を知れば、どういったスタンスで取引に臨めばいいか理解できますし、ＮＩＳＡを通じた賢い使いかたにも気づけます。

①上場株式・②外国上場株式の特徴

そもそも「株式」とは、株式会社が発行する有価証券のことで、事業を行うための資金調達の手段として発行されます。

企業が資金を集めるのには銀行からの融資という形もありますが、これには返済する義務がありますから、なるべくならその比率は下げておきたいところ。その点、株式であれば投資家に返す必要のないお金ですから、企業にとってメリットが生じます。

そして企業は株式を通じて投資家から集めた資金を使い設備投資を実施したり、事業を拡大させるなど、ビジネスを展開するのです。

なお、ある企業の株式を買うことで出資した企業や個人は「株主」と呼ばれます。

しかしながら、一般の投資家はどの企業の株主になれるとわけではありません。株

式は「上場株式」と「非上場株式」にわけられ、投資家が取引できるのは、証券取引所に上場している企業の株式に限られるからです。よって、株式投資とは、上場株式の売買のことを指します。

なお、日本の証券取引所は「東証（東京証券取引所）」がメイン。2013年2月までは「大証（大阪証券取引所）」でも上場株式を扱い株式取引を提供していましたが、両社は経営統合して「JPX（日本取引所グループ）」が発足しました。7月には通常の株取引である「現物取引」の売買は、東証に統合され、よって投資家は、東証に上場している株式を取引するというわけです。

ちなみに東証とひと言でいっても、上場する企業の規模によって、いくつかの市場に分類されています。その特徴と上場企業数は次の通りです。

●**東証1部**：上場企業が中心（1754社）

●**東証2部**：中堅企業や成長企業が中心（566社）
●**マザーズ**：新興企業が中心（185社）
●**JASDAQスタンダード**：新興企業が中心だが、企業の実績を踏まえて上場（839社）
●**JASDAQグロース**：新興企業が中心だが、赤字でも将来性を見越せば上場できる（48社）
●**TOKYO PRO Market**：プロ向け市場で一部の投資家しか取引できない（5社）

上場企業数は合計で3397社（2013年9月27日現在）。一般的な投資家は、TOKYO PRO Marketの銘柄は取引できませんから、3392社の株式が取引できるということです。

なお、各市場の違いですが、たとえばトヨタやユニクロのように日本を代表する企業は東証1部に上場をしていて、スマホ向けゲームなどの配信で成長著しいコロプラであればジャスダックというように、事業規模や収益性でわかれます。ですから、大きく成長を遂げればマザーズから東証２部、さらに東証１部へとジャンプアップする企業もあるわけです。

反対に、株式上場することでＭ＆Ａの標的にされたり、多くの投資家が自社株を買うことで経営方針に口出しをされることを避けるため、サントリーや佐川急便など、あえて上場しない有名企業もあります。大手だからといって、必ずしも上場の必要はないということです。

株式投資のリターンとリスク

株式投資のリターンは「キャピタルゲイン」と「インカムゲイン」にわかれます。

キャピタルゲインとは、株式の売買益のこと。一般的に事業が好調で業績が右肩上がりの企業の株式は、多くの投資家が欲しがります。あるときは１株１００円だったのが、「１０１円でも買いたい」「１１０円でも欲しい」となり、これにより株価は上昇するのです。よって、株価が安いときに買っておき、高くなった時点で売却すれば、その差額が投資家の利益になるわけです。これが、株主になる基本的なメリットです。

一方、**インカムゲインとは「配当金」のこと**を指します。これは、「1株10円」などといった形で企業の利益の一部を投資家に還元する制度のことで、1000株保有していれば、「10円×1000株＝1万円」が配当金として得られます。一般的に配当は年1回、もしくは2回支払われ、ほかにも好業績のときは「特別配当」、創立○周年のときには「記念配当」が実施されるケースもあります。

また、これは日本独自で発達した制度ですが、保有株数に応じて企業の商品やサービスが提供される「株主優待」も株主のメリットです。飲食チェーンなら店舗で使える食事券、メーカーであれば自社製品の詰め合わせ、なかにはカタログギフトやギフトカードを進呈する企業もあります。

配当と株主優待の魅力は何と言っても、株式を保有していれば受け取れるということ。各社が定めた「権利確定日」に株主名簿に登録されていれば権利を得られます。

ただしそのためには、**権利確定日の3営業日前の「権利付き最終売買日」までに株を買っておく必要があり、この日以降から権利確定日までに買ったとしても、配当や株主優待を得ることはできません。**

また、人気の配当・株主優待銘柄は権利確定日が近づくにつれて株価が上昇する傾向もあるようです。

しかも、権利付き最終売買日の翌営業日である「権利落ち日」が過ぎれば保有株式を売却しても配当や優待はもらえるので、これを機に株式を手放す投資家も多く（配当や優待をメインで取引する投資家にはよく見られる行動です）、高値掴みをした挙げ句、後の下落で損失を抱えるといったケースもよく見られるので注意が必要です。

ここからもわかるように、株式投資で最も避けたい状況は、株価の下落による損失の発生です。企業の業績が悪化すれば「こんな銘柄はいらない」と売ってしまう投資家が現れるので株価は下がり、買値より低くなればその分が含み損となり、売却（損切り）した時点で損失として確定します。最悪の場合、企業が倒産すれば持っていた株式は無価値になってしまうことも……。業績の悪化に伴い配当金が減ったり（減配）、なくなる（無配）こともあります。

株式の売買時間

上場株式の取り扱いをしている証券会社にＮＩＳＡ口座を持てば、売買が行えます。なかには外国上場株式を扱っていることもあり、その場合は、米国株なら「アップル」や「グーグル」も取引できますから、外国株も取引したいというなら、対応した証券会社にＮＩＳＡ口座を開くことです。

なお、国内上場株式の取引時間は、**午前9時～11時30分までの「前場」**と**12時30分～15時までの「後場」**にわかれます（東京証券取引所の場合）。基本的には月曜日～金曜日に売買は行われ、土日祝日、振替休日、年末年始（12月31日～1月3日）に取引はできません。

ただし証券会社によっては、**証券取引所を通さずに平日の夕方から夜間にかけて売買が行える夜間取引を提供しているところもあります。**


株式の注文方法については、店頭証券であれば電話やファックスで、ネット証券であればパソコンやスマホから行うのが一般的です。その際は、「銘柄名」や各銘柄に割り当てられた**4ケタの「証券コード」を指定のうえ、買い付けたい株数を決定**します。ただしすべての銘柄が1株単位で買えるのではなく、「売買単位（単元株数）」は異なります。仮に**売買単位が100株の銘柄であれば、その正倍数でしか注文は出せないということです。**

また、注文の際は、リアルタイムの株価で買い付ける「成行《なりゆき》」と購入株価を指定する「指値《さしね》」があります。どうしても購入したいなら成行を使う、いまより安い株価で買い付けたいなら指値というように、状況に応じて使いわけるのがポイントです。

そして、気になる最低購入価格ですが、安い銘柄でしたら1万円以下から買えますし、高いと１００万円を超えることも珍しくありません。ですから、自分の資産の範囲内から、今後株価が上昇しそうな銘柄を見つけ出すことが、株式投資を成功させる大事なポイントになります。

③公募株式投資信託・④外国籍株式投資信託の特徴

投資信託とは、**多くの投資家から集めた資金を使い、運用のプロ**（ファンドマネージャー）**が株式や債券などに分散投資する金融商品**で、証券会社や銀行で購入することができます。すでにお話ししていますが、これはＮＩＳＡでも取引できます。

この商品のメリットは、プロに運用を任せられるという点。投資の専門知識や深い経験がなくても始められます。しかも、多額の資金を集めて運用するので、分散投資が容易に実現できるのも特徴です。

個人であれば投資に使える資金は限られ、購入できる株式にも限度が生まれます。

ところが投資信託は、ときには何百億円、もしくはそれ以上の資金を広くから集めるので、相当数の株式を同時に買い付けることが可能なのです。

そして、**幅広い投資対象に分散投資できるということは、株式の場合、ある銘柄が損失を出しても他方が利益を出すというように、相互を補完しあいながら運用できますから、資産が目減りするリスクを抑えつつ、安定的にリターンを期待することができます。**

また、投資信託のなかには日本国内だけではなく、海外の株式や債券を組み入れた商品も珍しくありませんが、投資対象のなかには個人が投資しづらい国や地域も含まれます。ところが投資信託を通せば、こういった場合でも投資が可能になるので、それもメリットとして数えられます。

少額から投資できるのも、投資信託の良いところです。個別株式の場合、安ければ1万円以下で買い付けられる銘柄があるといいましたが、それは3300以上あるうちの、およそ60銘柄に過ぎません（2013年9月27日現在）。しかも株価が安く放置されているということは、業績が芳しくない、投資家から注目されていないなど、それなりのネガティブな理由があるとも考えられます。こういった低位・割安株を買っておき、その後の大きな値上がりで多額のキャピタルゲインを狙うという手法もあるのですが、それには精度の高い銘柄分析のスキルも求められます。銘柄の選択肢を広げ、複数を同時に運用するには、数十万円以上の資金が必要というのが、実際のところではないでしょうか。

ところが投資信託の場合、資金で悩むことはありません。というのも、**多くの商品は1万円程度で、なかにはそれ以下で始められるものもある**からです。資金面からみても株式よりハードルが低く、投資のビギナーでも始めやすい商品設計になっているのです。

NISAで取引できるのは「公募株式投資信託」

そんな、少額から始められ、かつファンドマネージャーが幅広く分散投資をしてくれる投資信託ですが、ＮＩＳＡ口座を通じて取引できるのは、不特定の投資家を募集する「公募投資信託」のうち、株式を組み入れることが可能な「株式投資信託」です。投資信託はさまざまな投資対象に分散投資をすると述べましたが、なかには株式を一切組み入れることができずに公社債のみで運用する**「公社債投資信託」と呼ばれる商品もあり、こちらはＮＩＳＡの対象外**です。

公社債投資信託と聞いてもピンと来ないかもしれませんが、ＭＭＦやＭＲＦといった、ローリスク・ローリターンの商品だといえば、ご存じではないでしょうか。

ただし、株式投資信託のなかにも実質的には公社債のみで運用されているものもあります。約款上で株式を組み込むことが可能なら株式投資信託として認められることになっているからです。

こういった商品の場合、債券をメインに投資をしているわけですから、株式を中心に組成される商品に比べて、ローリスク・ローリターンなのが特徴です。安定的な資産形成を望む、そういったもので運用したいと考えるなら、債券の割合が高い商品を選んでみるのも悪くありません。

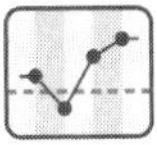

投資信託のリターンとリスク

投資信託で得られるリターンは、値上がり益と分配金です。

まず、値上がり益についてですが、投資信託には「基準価額」と呼ばれる商品自体の価格があり、これは株式でいうところの株価のようなものだとイメージしてください。基準価額は投資信託の純資産残高や組み入れた銘柄の価格が変化することにより、1日1回更新され、上下します。基本的に購入したときよりも基準価額が高くなっているときに売却すれば、その差額を利益として得られるわけです。

基本は株式と同じで、安く買って高く売ればいいのです。ファンドマネージャーの手腕が優れ、高い運用実績が実現できればできるほど、大きなリターンが見込めます。

もうひとつのリターンである分配金（普通分配金）は、これは株式でいえば配当金に相当するものです。投資信託では年に1回など定期的に決算が行われますが、**決算**

時に運用で得られた収益の一部が投資家の保有口数に応じて分配されるのです。投資信託を保有していれば受け取れる仕組みなので、とても手軽な収益源として重宝するに違いありません。

ただし注意しないといけないのは、運用がうまくいかなかった場合は分配金がなくなる可能性があるということ。また、分配金を支払うと元となる投資信託の純資産残高は減りますから、それに伴って基準価額も下がります。ですから、あまりも頻繁に分配金が支払われる商品は、痛し痒しというわけです。

パッシブファンドとアクティブファンドの違い

投資信託には投資スタイルに応じて「パッシブ（受け身）型」と「アクティブ（積極的）型」があります。

たとえば、同じ日本株に投資する投資信託だとしても、パッシブファンドは日経平均株価やＴＯＰＩＸ（東証株価指数）といった既存の指数に連動する成果を目指し、これはインデックスファンドとも呼ばれます。日経平均連動型のファンドの場合、組み入銘柄は日経平均採用銘柄がほとんどで、パフォーマンスはほぼ連動します。

ところがアクティブファンドの場合は、ファンドマネージャーが銘柄を調査・分析をして、より高いパフォーマンスを目指すのが特徴で、中小型株をメインに投資するといったように、テーマや投資方針のもと運用が行われるケースが多いようです。

両者の違いは、パッシブ型は市場全体に投資するようなものなので、相場全体が上がればリターンは高くなり、反対に市場全体が低迷すれば下がります。対してアクティブ型はうまくいけばパッシブ型より高いパフォーマンスを見込めますが、運用が失敗すれば、むしろパッシブ型よりも運用成績が悪くなります。

また、**投資先選びに手間がかかる分、パッシブ型に比べて手数料も高めに設定されていることがほとんど**です。ＮＩＳＡでは公募株式投資信託であれば、パッシブ型でもアクティブ型でも取引できますが、両者にはこういったメリット・デメリットがあるので、それを理解したうえで商品を選ぶことです。

また、ＮＩＳＡでは外国株式も投資対象に含まれていますが、投資信託においても外国籍の株式投資信託を取引できます。取り扱いの有無は金融機関によって異なりますが、こういった商品を視野に入れるのもひとつの考えです。

⑤ＥＴＦ・⑥海外ＥＴＦの特徴

ＥＴＦとは「Exchange Traded Funds」の略で、「上場投資信託」とも呼ばれます。これは、証券取引所に上場され、株式と同じルールで取引される投資信託のことを指し、ＮＩＳＡでは、国内外のＥＴＦが取引できます。

公募投資信託との違いですが、ひとつは価格がリアルタイムに変動するということ。公募投資信託の基準価額は1日に1度算出されるだけですが、ＥＴＦは証券取引所に上場しているので、株と同じく投資家の売買動向により価格は刻一刻と変動します。取引時間・方法においても上場株式と変わりません。

また、ＥＴＦは投資信託の一種であるものの、証券取引所で売買することから、取り扱うのは証券会社で、銀行で買い付けることはできません。

取引コストも両者では異なり、ETFのほうが低いようです。ETFを購入する際は、各証券会社の上場株式の売買手数料が適用されますが、投資信託の販売手数料より安いケースが多く、保有することで発生する信託報酬についてもETFに比べると公募投資信託は高くなりがち。コスト面ではETFに軍配が上がります。

ただし、購入価格については、公募投資信託が1万円程度から購入できるのに対して、**ETFは数万円〜10万円前後**であることが多いようです。

ETFのリターンとリスク

ETFのリターンは、値上がり益と分配金のふたつです。投資信託の一種ですから決算時に収益が出ていれば分配金が受け取れますし、購入時より価格が上昇した時点で売却すれば、差益が取れます。対して注意すべきは、値下がりによる損失ということになります。このあたりの仕組みは、投資信託と変わりません。

なお、**ＥＴＦの投資対象は多岐に渡りますが、代表的なのは日経平均株価やＴＯＰＩＸといった株価指数に連動するもの**です。いわば、インデックス型の投資信託の上場版と考えればいいでしょう。

ほかにも、金や銀、パラジウムといった貴金属、その他資源の価格に連動するものや、日本株を対象にした商品でも、「電気機器株価指数」といった業種別、「三菱系企業が対象」というようなテーマ別のＥＴＦもあります。

海外の株価指数に連動するものも上場していますから、自身の投資スタンスに合わせて選んでみることをお勧めします。

なお、ＮＩＳＡではＥＴＦに加えて、「ＥＴＮ（Exchange Traded Note）」と呼ばれる金融商品も取引が行えます。これは「上場投資証券」、もしくは「指標連動証券」と呼ばれるもので、ＥＴＦと同じく特定の指標と連動する成果を目指します。取引方法も変わりません。証券会社によってはＥＴＮも取り扱っていますから、こちらも投資対象として考えても一向にかまいません。

⑦上場ＲＥＩＴの特徴

ＲＥＩＴとは「Real Estate Investment Trust」の略で、**「不動産投資信託」**のことを指します。ＥＴＦと同じく上場投資信託のひとつなのですが、最大の**特徴は投資対象が不動産に絞られていること**。ＲＥＩＴでは投資家から集めた資金でオフィスビルや住居用物件、商業施設などの不動産を購入し、賃貸収益や売却益を分配金として支払う投資信託です。

一般的に日本国内のＲＥＩＴは「ＪＡＰＡＮ」の頭文字を取って「Ｊ-ＲＥＩＴ」と呼ばれますが、ＲＥＩＴでも意味は通じます。ＥＴＦと同じく証券取引所に上場していますから、基本的な取引ルールは株式投資に準じます。

REITのリターンとリスク

REIT価格は上場株式と同じように取引時間中はリアルタイムで変動します。よって、購入時より高い価格で売却すれば値上がり益が得られます。

また、REITは不動産投資法人により運用されますが、利益の90％以上を投資家に分配するなど、一定の要件を満たすと法人税が無税になるというメリットがあり、**内部留保を貯め込まずに利益のほとんどを分配します。よって、REITの配当金は上場株式に比べると利回りがよく、一般的に高い金額が支払われています。**

ただし一方で、リスクも生じます。それが値下がりリスクであり、破たんや上場廃止のリスクも抱えています。

また、REITは不動産を扱うという特性上、ある程度決まった賃料収入が得られるという半面、居住者やテナントの入退去や賃料の変更により賃料収入が上下することもあります。**不景気なら賃料収入は低下する可能性が高く、反対に好景気なら上がるわけで、これにより分配金も増減する**わけです。増えればいいのですが、減ってしまうこともあるので、景気動向には注意が求められます。

さらに、ＲＥＩＴによっては、「居住物件がメイン」、「商業施設がメイン」、あるいは「都心部の物件を多く抱えている」、「地方物件が主な投資対象」というように、各商品で性格は異なります。

よって、地価の下落や空室リスクの低い都心部の物件を持つＲＥＩＴであれば価格下落や分配金の減少はある程度抑えられるかもしれませんが、地方物件がメインターゲットの商品だと、不景気のあおりで業績が急激に悪化することも考えられます。保有物件については、各ＲＥＩＴのウェブサイトで紹介されていますから、購入の前には必ず確認することです。

青春文庫

知《し》らなきゃ損《そん》する！「NISA《ニーサ》」超《ちょう》入門《にゅうもん》

2013年11月20日　第1刷

監修者　藤川《ふじかわ》　太《ふとし》

発行者　小澤源太郎

責任編集　株式会社プライム涌光

発行所　株式会社青春出版社

〒162-0056　東京都新宿区若松町12-1

電話 03-3203-2850（編集部）

03-3207-1916（営業部）

振替番号　00190-7-98602

印刷／共同印刷

製本／フォーネット社

ISBN 978-4-413-09585-3